KB273400

인생의 정오에서
세상을 바라보다

인생의 정오에서
세상을 바라보다

글·사진 서태옥

책공방 초록비

마음을 다치면 마음이 닫힌다

나도 마음을 닫아봐서 안다. 얼마나 아픈지. 그렇지만 그렇게 힘들어 하는 사람들을 볼 때마다 내가 무엇을 어떻게 해야 하는지 알지 못했다.

나는 바이올렛에게 깊은 고통을 겪는 사람들에게 어떻게 해주는지 물었다.

"꼭 끌어안아주지. 무슨 위로의 말을 해주느냐는 그리 중요하지 않아. 그저 힘껏 꼭 끌어안아주는 것만으로도 족해. 난 내가 힘들 때 누가 날 꼭 끌어안아주면 좋겠어."

그래서 나는 그 분을 꼭 끌어안아 주었다. 품안에 안긴 그 분은 아주 작은 새처럼 작고 여리게 숨을 쉬고 있었다. 정말 작은 새처럼. 왠지 그 분을 껴안고 있으니, 눈물이 흘러 나왔다. 내가 안았음에도 불구하고 내가 안긴 것처럼, 평안하고 따뜻했다.

─블레어 저스티스, 《바이올렛 할머니의 행복한 백년》 중

알고 보면 우리 모두는 감정노동자다. 우리의 감정은 위로 받을 권리가 있다. 그래서 인생의 정오를 지나며 시작했다. 페이스북과 블로그에 올리는 내게 힘이 되어 준 생각들과 댓글처럼 매단 솔직한 감정, 그리고 어울려도 좋은 사진……. 이것으로 힘주어 사람들을 끌어안으려 했다.

페이스북과 블로그 글을 보고 누가 그런다. 공자님 같은 말씀만 올린다고. 나는 그런다. 공자님 같은 말씀대로 살고 싶다고. 비록 지금은 그렇게 살고 있지 못하지만, 좋은 생각, 힘이 되는 생각을 따라하다 보면 그렇게 살 수 있을까라고. 수양이 부족한 나는 실패하더라도 내 글을 읽은 누군가는 꼭 성공하게 될 거라고.

> 남의 좋은 점만 찾다 보면 자신도 언젠가 그 사람을 닮아 갑니다. 남의 좋은 점을 말하면 언젠가 자신도 좋은 말을 듣게 됩니다. 참 맑고 좋은 생각을 가지고 나머지 날들을 수놓았으면 좋겠습니다. ─최복현, 《마음을 열어주는 따뜻한 편지》 중

이 말을 믿고 따라하고 있다. 그리고 많은 사람들이 따라했으면 좋겠다. 이 책에 담긴 소소하지만 힘이 되는 생각들을 따라하면서 자기도 모르게 닫힌 마음이 열렸으면 좋겠다.

꼭 그랬으면 좋겠다.

1

불타는 것은
금요일까지다

What time is it now?

내 나이는 오후 4시. 정신없이 일하다 잠시 나른함을 느끼며 의자를 뒤로 젖히고 스트레칭 하는 시간. 그러나 아직 퇴근시간까지 할 일이 남았지. 슬슬 퇴근 후 가족들과 보낼 멋진 시간을 상상하기도 하지. 그리고 그 멋진 시간 후 내일을 어떻게 살 건지도 생각하곤 하지. YOU는 지금 몇 시죠?

오후 네 시 사십칠 분

오후 네 시가 넘어가자 온 세상이 캄캄해진다. (중략) 오후 네 시는 삶과 꿈, 희망과 절망, 시작과 끝 사이의 어긋남 속에 있다. 권리는 줄고 의무는 점점 많아지는 이 세속의 시각. 오후 네 시는 무언가를 계획하고 시작하기에는 너무 늦다. 오후 네 시에는 누구나 젊음의 고갈, 기쁨의 고갈, 영성의 고갈 속에서 가슴이 막막해지고 숨은 헐떡인다. 나는 어느덧 오후 네 시에 와 있다. ─장석주, 《그 많은 느림은 다 어디로 갔을까》 중

나는 오후 네 시 사십칠 분… 지나간 시간은 당연히 빠른 거지만 정말 숨 가쁘게 달려왔다. 전력 질주를 멈추었을 때 더 숨이 차오르듯, '느림'을 생각하는 요즘 사는 게 더 힘들다. 나의 시계가 언제 멈출지 알 수 없지만, 전보다는 조금 느리게 가도록 조정하고픈 유혹에 휩싸인다.

"

너그러워지다

여유란 물리적인 시간이 아니다. 평온한 마음이다. ─요로 다케시

전에는 안 그랬는데 요즘은 아빠가 운전할 때가 더 불안해. 이 구동성으로 아내와 딸이 얘기하는 것으로 보아 나에게 문제가 있나 보다. 물리적 이동에만 급급하여 승객의 심리적 안정을 도외시하고 있으니. 다시 여유를 찾자. 충분한 시간을 갖고 목적지로 이동하는 것이 아니라 시간이 없더라도 너그러운 마음으로 핸들을 잡는 것, 그것이 여유다. 사람과 일과 세상에 대하여 너그러워지자.

밥은 먹었어?

잘 사는 기술

세상에서 제일 먹기 힘든 게 마음이고, 제일 버리기 힘든 건 욕심이고, 제일 배우기 힘든 기술은 잘 사는 기술이여. - 영화 〈내 사랑 내 곁에〉 중 옥상에서 지수와 나누는 대화

왜 마음을 먹는다고 했을까? 마음도 많이 먹으면 살이 찔까. 그렇다면 밥 대신 마음만 먹어야겠지. 욕심은 굳이 먹지 않아도 내 안에 쌓여만 가고. 이제껏 적지 않은 인생을 살면서 '잘 사는 기술' 하나 익히지 못했음을 한탄한다. 어쩌면 욕심은 버리고 마음을 먹는 것이 잘 사는 기술이 아닐까.

터널 속으로 들어가는 사람

내가 어두운 터널에 있을 때, 나는 나를 사랑하는 사람과 함께 있고 싶다. 터널 밖에서 어서 나오라고 외치는 사람이 아니라, 기꺼이 내 곁에 다가와 나와 함께 어둠 속에 앉아 있어 줄 사람. 우리 모두에겐 그런 사람이 필요하다. ─대니얼 고틀립, 《샘에게 보내는 편지》 중

나는 뒷짐 지고 소리만 치는 사람인가, 말없이 터널 속으로 뛰어 들어가는 사람인가. 일이 끝나면 터널 밖에 있던 사람들의 공이 가장 크고, 터널 속으로 뛰어든 사람은 기억되지 않더라도 기꺼이 어둠 속 그 사람 곁을 지켜내는 그런 사람인가 말이다.

내 안의 아군들

한숨 푹 자도록 해. 땅 속 깊이 묻어놓은 꽃씨처럼, 자고 나면 네 어깨 위에는 따스한 햇볕이 내려앉고, 모든 게 제자리로 돌아와 있을 거야. ―최갑수, 《잘 지내나요, 내 인생》 중

한숨 푸욱 잤다. 어려웠지만 작정하고 떠난 휴가. 야경 좋은 관모봉, 해 지는 방포전망대, 해 뜨는 황도에서 뜬 눈으로 잠을 잤다. 몸은 피곤하지만 사진 많이 찍어 마음이 후련해졌다. 여행은 나를 찾아오는 일이라 했다. 두고 온 나, 달아난 나, 웅크린 나, 날으는 나, 그리고 어린 나…. 그래서 낮잠 같은 여행이 끝나면 더 많은 나와 함께 하기 때문에 성숙해지는 거라고. 이제 내 안에 아군이 많다.

아, 아버지

아들에겐 국밥 한 그릇 내어주고, 당신은 막걸리로 배를 채우던… 가난했지만 따뜻했던 내 아버지, 그립습니다. ─ 만화가 이현세

파출소에서 집으로 가는 그 긴 새벽길, 짐 자전거 뒷자리에 스스로 짐짝이 된 중학생은 아버지 허리를 잡지도 못한 채 앉아 있었다. 아버지는 한 마디밖에 하지 않으셨다. "꼭 잡아라." 아버지의 한 마디는 꾸중과 용서, 믿음, 그리고 사랑을 함축하고 있었고, 비로소 아버지 허리에 들러붙은 아들의 눈에는 뜨거운 강이 흘렀다. 중학생 아들은 아버지가 되어서야 알아차렸다. 자기보다 가늘었던 아버지의 허리를.

마지막 만남을 하고 있다

지금 내 앞의 이 사람도 오늘이 마지막일지 모른다는 생각을 문득 한다. 사실 너무나 많은 사람과 우리는 마지막 만남을 하고 있다. 매일 만나고 있는 것 같지만 매일 이별하고 있는 셈이다. 그때가 마지막이었던 사람들, 사무치게 그리운 시간이 사실은 오늘 이 사람, 오늘 이 순간인 것이다. ─카피라이터 박소원

열대성 소나기, 스콜이 내렸다. 가끔 우리는 스콜처럼 갑자기 떠나간 사람의 소식을 듣는다. 그리곤 '아, 그때 그 만남이 마지막이었구나.' 하며 뜨거운 후회를 한다. 지금 이 만남이 마지막일 수도 있다는 간절함으로 만나야겠다. 제 힘으로 어찌할 수 없는 헤어짐을 이별이라 하고, 제 힘으로 힘껏 갈라서는 헤어짐을 작별이라 했던가. 지금 내가 만나고 있는 소중한 사람들, 스콜처럼 이별할 때 후회함이 없도록 최선을 다하여 만나자. 내가 줄 수 있는 사소한 도움, 따뜻한 말 한 마디, 공감의 눈길, 그리고 토닥토닥… 아끼지 말고.

4
3
5
2
1
6
7
8
9
0

전화했었니?

이승에서 통화가 가능할 때 전화 드리자. 그것보다 더 급하고 바쁜 일은 없다. 아직 우리의 현대과학으로는 이승과 저승을 연결하는 통신망을 구축하지 못했으니.

가슴 속에 기억되기

누군가의 가슴에 내가 살고 있고, 나의 가슴에 누군가가 들어와 산다는 것. 반 평 남짓이라도 사람들의 가슴 속에 나의 자리가 있었으면 정말 좋겠다. 세상에서 가장 먼 길은 머리에서 가슴까지 가는 길. 내 가슴 안, 쓸 데 없는 욕심들을 분류하여 월요일 아침 재활용쓰레기와 함께 내어 놓자. 그리하여 확보된 그 여백에 머리에만 있던 사람들을 가슴 안으로 들이자.

늘
여
행

무슨 요일인지 중요하지 않은 당신의 게으른 어느 일요일, 모처럼 활짝 열어놓은 창문으로 불어 들어오는 바람을 맞으며 문득 행복하다고 느낀다면, 어쩌면 그게 여행인지 모른다. ─김동영, 《너도 떠나보면 나를 알게 될 거야》 중

베란다 창문으로 들어오는 시원한 바람 때문에 졸다가, 소파에서 거실 바닥으로 굴러 떨어진 TV 리모컨. 다 못 먹고 옆으로 밀어 놓은 수박 반 덩이와 숟가락. 게으름, 느림, 버림, 미룸. 'ㄹ'과 'ㅁ'의 조합으로 끝나는 단어를 떠올리며 행복해 하는 오후. 바쁜 나를 벗어나 게으른 나를 찾아 떠나는 여행.

오르막은 내리막을 위하여 존재한다

하루하루가 힘들다면 지금 높은 곳을 오르고 있기 때문이다. 편안하고 쉬운 매일 매일이라면 골짜기로 향한 걸음이다. 때로 평지를 만나지만 평지를 오래 걷는 인생은 없다. ─조정민, 《사람이 선물이다》 중

음. 혹시 당신도 높은 곳을 오르고 있는 중? 지구에서는 몸을 낮추는 것이 순리이지만, 그럼에도 때로는 중력을 거슬러 높은 곳으로 올라야 할 때가 있다. 오르막이 힘든 것은 몸을 낮추지 않은 것에 대한 경고일 수도 있고, 멋있는 내리막을 준비하라는 배려일 수도 있겠다. 순리대로 살자.

행복은 기다림 속에 숨어 있다

행복이란 바로 그런 것이란다. 마음의 여백을 갖는 일. 다가올 즐거운 순간을 기다리는 마음의 여백이 바로 행복이지. 행복이란 결국 기다림의 다른 말이야. ─김재진, 《어느 시인의 이야기》 중

행복을 거머쥐기 위하여 삶에서 기다림을 제거한 후 사람들은 더 불행해졌다. 잠시의 틈도 없이 계속해서 일을 하고, 배고플 틈도 없이 계속해서 음식을 먹는다. 아무것도 하지 않고 있으면 불안하고 고통스럽기까지 하다. 이러다 무슨 일 나겠다. 살인의 방법 중에는 쉼표를 찍지 않고 편지를 보내는 방법도 있다고 한다. 나는 요즘 기다림을 회복하려고 노력 중이다. 기다림이란 쉼표가 아니라 마침표 뒤에 위치하는 것. 무언가를 하는 중에 잠깐 쉬는 것이 아니라, 무언가를 끝낸 후 다음 무언가를 시작하기 전에 숨을 고르는 것이다. 아마도 행복은 거기에 숨어 있을 것이다.

두
마
리
소

튼튼한 소와 병약한 소 두 마리를 가진 농부가 있다면… 그 농부는 건강한 소에게 쟁기를 채울 것이다. 이처럼 신은 건강하고 바르게 사는 자에게 무거운 짐을 지게 한다. – 탈무드

일이 파도처럼 밀려올 때, 옆 동료는 바쁜 척하고 있을 때, 그래서 더 힘이 들 때. 농부의 마음을 이해하려 노력한다. 내가 농부라도 일을 맡길 수 있는 소에게 쟁기를 채웠을 터. 그러나 꾀병 부리는 소를 가려내지 못하는 농부를 보면 화가 나긴 한다.

나는 비누다

비누는 쓸수록 물에 녹아 없어지는 하찮은 물건이지만 때를 씻어준다. 물에 녹지 않는 비누는 결코 좋은 비누가 아니다. 자신을 희생하려는 마음 없이 몸만 사리는 사람은 녹지 않는 나쁜 비누와 같다. ─존 워너메이커

묻은 때 씻어내며 사느라 내 몸은 얼마나 녹았을까. 또 나의 마음은 얼마나 닳았을까. 살다 보면 왜 나만 이렇게 힘이 드는 거야, 세상을 원망할 때 있다. 하지만 나는 비누다. 스크래치 하나 없이 마알간 비누는 좋은 비누가 아니다. 나는 이미 좋은 비누처럼 살기로 다짐하지 않았던가.

김
밥
생
각

김밥을 말아보면 압니다. 그 안에 서로 어울리지 않는 것들이 얼마나 잘 어울리며 살아가는지를. 각박한 세상을 어떻게 살아야 할지 모를 때. 김밥을 말아보면 알게 됩니다. —박광수, 《참 서툰 사람들》 중

노랗게 화가 난 무우, 부끄러워 낯붉힌 당근, 쓸데없이 의욕만 앞선 햄, 우왕좌왕 갈피 못 잡는 우엉, 가끔 나타나 금치라고 우기는 시금치, 바쁠 땐 보이지 않다가 가끔 나타나 공을 가로채는 깻이파리, 설익은 논리를 당연하게 주장하는 밥알무리들, 그리고 촘촘하지 못한 때 묻은 김. 가끔은 옆구리를 뚫고 세상 밖으로 삐져나오지만 서로 어울려 사는 일은 먹음직스럽다. 아, 알이 아닌 척하는 계란을 빼먹었군. 다수의 밥알만 감싼다고 김밥이 될까. 나는 옆구리를 찢기며 모두를 감쌀 준비가 되었는가. 감싼 김 안에서 욕심을 버리고 어울릴 준비가 되었는가. 나는 긴 세상 속 무엇으로 살고 있을까.

끄너

외국에서 계산을 마치고 나오는데 계산원 내게 작별 인사를 했습니다.
"끄너…" '끄너'가 무슨 말일까 싶어서 물어보았어요.
"안녕이라는 말 아닌가요?" 나는 그 말, 어디서 배웠냐고 물어보았지요.
"한국인들은 작별 인사할 때 꼭 그러데요. '끄너' 하고요."－이윤기, 《어른의 학교》 중

가족이나 아주 친한 사람과의 통화는 정말 그러했다. 고마 끊어… 자꾸 전화하고 그라노, 끊자. 끊는 데이, 끊어…

관계를 끊자는 얘기가 아닌 줄은 알지만. 좀 더 살갑고 정감 있는 단어로 통화를 마치는 방법을 찾아야겠다. 가장 친한 사람에게 가장 다정하게 대해야 한다.

입김 속에는

추운 겨울날 몸을 움츠리고 종종걸음치다가 문득, 너랑 마주쳤을 때 반가운 말보다 먼저 네 입에서 피어나던 하얀 입김! 그래, 네 가슴은 따뜻하구나, 참 따뜻하구나. - 신형건, 《입김》 중

김이 난다는 것은 속이 따뜻하다는 거다. 체감온도 - 11.1도가 믿기지 않는 전라남도 고흥군 도양읍의 겨울 아침. 그렇게 차갑기만 했던 그 사람도 입김이 나겠지. 사람들의 겉은 추워도 가슴 속은 따뜻할 터. 왜 추운 겨울아침에야 그 사실을 눈치 챘을까. 나의 가슴 속도 따뜻하다. 호~~

뒷모습까지 사랑하는 일

신문을 보며 행간을 읽을 줄 알아야 하듯, 음식을 먹을 때도 그 속에 담긴 마음을 맛볼 줄 알아야 한다. 누군가 우리 앞에서 큰 소리를 낼 때에도 그 소음 뒤에 감춰진 도와 달라는 외침을 들을 줄 알아야 한다. 대개 사람들은 간절한 소망을 뒤편에 감추고, 정반대의 말투로 공격하거나 침묵을 한다. 그러므로 사람을 사랑할 때는 앞모습보다 뒷모습을 사랑할 수 있어야 한다. 내게 그런 넉넉한 마음이 있는지 묻는다.

무엇으로 채울 것인가

꽃이 꿀을 품고 있으면 소리쳐 부르지 않아도 벌들은 저절로 찾아간다. 어디에 힘을 쓸 것인가. 내 속에 꿀을 만들 것인가. 아니면 소리쳐 부르는 것에 힘쓸 것인가. ─법정, 《홀로 사는 즐거움》 중

목까지 꿀이 가득 차 있으면 소리칠 수도 없고 그럴 이유도 없고. 시끄러운 사람을 보면 아직 꿀이 덜 찼다는 생각이 들고. 벚꽃으로 가득 찬 거리를 지나며, 나도 저렇게 꽃으로든, 향기로든 더 채워야겠다는 생각을 하고. 충만한 사람은 묵직하지만, 묵직한 사람이 다 충만하지는 않다는 반성을 하고.

불타는 금요일

100% 실전만 계속한다면 100% 무너질 수밖에 없다. 다 타버리고 만다. 소진이다. 쉬면서 충전한다는 개념이 아니라, 7일 중 2일은 일을 완전히 잊고 전혀 다른 활동을 하며 살아야 한다. 주말에 출근했던 일주일은 정말 버티기 힘들지 않던가. 불타는 것은 금요일까지다. 그럼에도 혹시 일을 집으로 가져가는 어리석은 짓, 하고 있지 않은지? 그렇다면 일감 든 가방을 열어보지 않겠다는 다짐을 요구한다.

옷걸이의 본분

세탁소에 갓 들어온 옷걸이에게 헌 옷걸이가 한 마디하였다.
"너는 옷걸이라는 사실을 한시도 잊지 말길 바란다."
"왜 옷걸이라는 것을 그렇게 강조하시는지요?"
"잠깐씩 입혀지는 옷이 자기의 신분인양 교만해지는 옷걸이들을 그동안 많이 보았기 때문이다." - 정채봉, 《처음의 마음으로 돌아가라》 중

짙은 양복 걸치고 으스댈 것도, 때 묻은 츄리닝 차림을 부끄러워할 것도 없다. 어떤 옷을 입더라도 옷걸이의 본분을 잃지 말자. 기저귀 하나로 시작해서 수의 한 벌로 돌아가는 인생 길. 어쩌면 우리도 옷걸이처럼 사는 건지도 모른다.

깨닫게 된다

손가락에 상처가 나면 손을 움직일 때마다 아픔이 전해 온다. 그제야 손을 움직이는 순간이 이렇게 많았구나, 깨닫게 된다. 사랑에 상처가 나면 그냥 걷기만 하는데도 아픔이 느껴진다. 그제야 숨 쉬는 모든 순간 넌 나와 함께였구나, 깨닫게 된다. ─김은주, 《달팽이 안에 달》 중

함께하면서도 소중함을 잊고 있는 것들. 이별한 뒤에야 깨닫지 말기를. 출장 중에도 굳건히 자리를 지키는 사무실 내 의자, 자꾸 투덜대는 옆자리 고참, 술 취하면 무한 반복되는 후배의 넋두리, 그리고 현관 앞까지 추격해오는 아내의 망고 주스…

밑짐을 가졌는가

배가 흔들리지 않게 배 밑에 달고 다니는 일정한 무게의 짐을 '밑짐'이라고 한다. '밑짐'이 풍파로부터 배의 중심을 잡아 주는 버팀목이라면, 사람에게 밑짐은 신념이다. 신념이 흔들리면 그 사람의 전부가 흔들린다. ―twitter에서

나의 밑짐은 무엇인가? 그 어떤 쓰나미도 견디며 인생을 순항할 수 있는 밑짐을 갖고 있을까? 쭉 뻗은 직선도로보다 적당히 굽이치는 도로에서 사고가 덜 나듯이, 세상 살면서 작은 위기는 감사해야 할 밑짐이다. 모래주머니 다리에 차고 조깅하는 것처럼 묵직한 신념 하나 마음에 담고 살아야겠다. '밑짐'… 좋은 말이다.

빈틈 만들기

일부러 빈틈 만들기. 오래 전부터 노력한 덕분에 나도 빈틈이 많아졌다. 그리고 그 틈새만큼 호흡도 편해졌고, 그 간격만큼 사는 속도도 느려졌다. 살면서 쉼도 필요하지만, 막힌 혈관을 뚫듯 틈새를 만드는 일도 꼭 필요하다. 의도적 실수, 계산된 허점, 고의로 열어 놓은 마음의 문. 힘들어도 꾸준히 노력해야 하는 일이다.

살아가는 기쁨

'모든' 순간을 만족할 수는 없고 만나는 '모든' 사람에게 기쁨을 줄 수는 없습니다. 가장 중요한 단 한 사람, '나'에게 '가끔' 기쁨을 주고 '언제나' 살아가는 이유가 된다면 그것이 가장 괜찮은 삶입니다. – 김정한, 《때로는 달처럼 때로는 별처럼》 중

앞으로는 살아가는 이유를 '남'에게서 찾지 않고 '나'에게서 찾으려 합니다. 나에게 기쁨이 되는 일부터 할 작정입니다. 가장 이기적인 것이 이타적이라는 걸 믿기 때문입니다. 사랑하는 사람이 행복해하는 모습과 만나는 사람들이 좋아하는 일은 내게 '큰' 기쁨이 되는 일입니다.

운동합시다

늘 앉아 지내는 생활과 기름진 음식, 게으름, 안락한 의자는 큰창자를 느슨하게 해서 많은 문제를 가져온다. 장벽에 남아 있는 음식물에 미생물이 들러붙어 독을 만들어 내면 독이 혈류로 흡수되면서 몸 전체에 탈이 난다. 이를 위한 가장 건강한 방법은 화학적인 수단, 즉 약이 아니라 자연의 수단이다. 섬유질을 포함한 음식은 큰창자가 필요로 하는 자극을 내부로부터 줄 것이고, 운동은 외부에서 줄 것이다. ─1925년, V.H 모트람, 《음식과 가족》 중

금년부터 통근버스에서 꼼짝 못하고 앉아 있는 4시간이 추가되었다. 밖에서 파는 기름진 음식, 좋아하는 게으름은 여전하고, 의자는 참으로 안락하다. 거기에 스트레스를 핑계로 들이키는 술까지. 1925년이나 2014년이나 사람에게 위험한 상황은 달라진 게 없는 듯. 심각하게 운동하지 않으면 죽을지 모른다는 위기감으로 올해 다짐 중 운동을 으뜸으로 올린다.

GO!~

삶이라는 경기는

삶은 직선이 아닙니다. 동그라미에서 맴도는 것입니다. 사람들은 뜁니다. 삶의 1등이 되기 위하여 뛰고 또 뜁니다. 엎어지고 자빠지며 죽을 때까지 뜁니다. 그러나 뛰고 또 뛰어도 1등은 없습니다. '뛰다'의 본딧말이 '뒤'입니다. '뒤'라는 말은 '뒤지다'라고 해서 '늦다'의 의미와 '뒤졌다'라고 해서 '죽음'의 비속어입니다. 뛰고 또 뛰면 죽음이 빨리 옵니다. 삶이란, 걷는 것입니다.—박해조, 《1등은 없다》 중

지하철 환승 때마다 반성하게 된다. 이유도 없이 사람들을 따라 뛰고 있는 나를. 뛰면 뛸수록 삶에서 멀어진다는 것을 사람들은 알고 있을까? 인생은 출생을 출발점으로 하여 예외 없이 결승점에 이르는 경기. 삶에서 멀어져 죽음에 먼저 도착하는 방식의 경기가 아니라, 죽음의 중력에 맞서 삶에 더 머무는 방식의 경기. 옆 선수가 내달린다고 이유도 없이 덩달아 내달리지 말자. 나만의 페이스를 유지하며 가장 느리게 걷기로 하자.

저장강박증

언젠간 쓸 데가 있겠지 하며 버리지 못하는 걸 저장강박증이라 합니다. 물건 저장 강박증으로 집안을 물류창고처럼 해놓기도 하지만 사람도 마찬가지죠. 알아두면 언젠가 도움이 될 거야 하며 한 다리 걸쳐놓는 것. 사람도 꼭 필요한 내 것인지, 늘 점검해야 할 듯. ─윤영미 아나운서 트윗

집에 유달리 잡동사니가 많다며 투덜거리는 아내. 나를 닮아 호기심이 많은 딸과 아내를 닮아 정리정돈이 안 되는 아들. 구석구석 쌓여 있는 고독한 물건들. 그 물건들을 보며 생각한다. 언젠가 쓸 데가 있을 거라며 내 마음 속에 품고 있는 생각들을, 언젠가 말해야지 하며 저장하고 있는 말들을, 일 년 동안 한 번도 연결되지 않은 전화번호를 지워 버리듯, 써 먹지 못한 생각들을 버려야겠다고. 사람은 몸이나 마음이 10% 이상 비어 있지 않으면 죽는다.

2

당신은
곧 나입니다

행복한 기다림

저녁 때 돌아갈 집이 있다는 것, 힘들 때 마음속으로 생각할 사람 있다는 것, 외로울 때 혼자서 부를 노래 있다는 것. –나태주, 〈행복〉

저녁마다 돌아가는 집에는 마음 속 사람이 혼자서 노래 부르며 기다리고 있지. 하찮은 나를 기다리고 있지. 기다림은 행복이야. 주는 사람도 받는 사람도 모두 행복한 거야.

WOW
REALITY
HAPPY
WHO?
WHO?
HI HA
WAKE UP
WHY?
WOW
HOW

아름다운 세상을 그리는 사람

당신이 '진정한 예술가'다. 진정한 예술가는 그림을 그리거나 색칠하는 사람이 아니다. 오히려 자신의 온 삶에서 모든 생각과 행동을 아름다움에 맞추는 사람이다.
— 헬렌 니어링 《아름다운 삶, 사랑 그리고 마무리》

오늘은 우리 집 예술가 생일. 한 달 전에 생일선물로 예매해 준 '스튜디오 지브리 레이아웃 전' 관람하러 예술의 전당에 있겠다. 또 이것저것 기념상품 들여다보며 살까말까 망설일 테지. 우리 예술가 딸아, 진정한 예술가는 스스로 붓이 되어 아름다운 세상을 그리는 사람이란다. '진정한 예술가'의 삶을 결심하는 생일이 되기 바란다. 생일 축하한다.

아버지 사진

80만 장의 사진을 찍었지만, 아버지 사진은 영정사진 한 장 뿐… 더 많이 찍어드리지 못했습니다. 아버지 보고 싶습니다. — 사진작가 김중만

오전에 내린 소나기가 화살처럼 가슴에 꽂히다. 영정사진도 당신이 준비하셨다. 나는 단 한 장의 사진도 찍어드리지 못했다. 기분 좋게 취기 올라 날 앉혀 놓고 했던 말 또 하고 또 하고… 그러다가 "공부하기 힘들지?" 하시며 주머니에 용돈 찔러주시던 그 모습. 지금이라면 찍을 수 있는데…. 똑같은 후회는 하지 말자. 지금 내게 소중한 사람들 가능한 많이 찾아 가 사진을 찍자. 단렌즈처럼 투명한 가슴으로….

나
왔어
요

전쟁 같은 세상에서 매일 나가서 싸우듯 일하는 남자가 왔다. 그 남자가 버티는 힘은 바로 그대의 꽃 같은 한 마디. "오늘도 수고한 당신, 어서 오세요."—이수동, 《토닥토닥 그림편지》 중

전쟁 같은 집안에서 매일 티 안 나는 집안일과 싸우는 여자가 있다. 그 여자가 버티는 힘은 바로 그대가 현관문을 열며 하는 말.

"오늘도 수고한 당신, 나 왔어요."

구
조
요
청

지나 보면 알게 된다. 사춘기 딸아이의 공격적인 말투도, 지루할 정도로 반복되는 아내의 잔소리도, 토씨 하나를 빌미로 호통 치는 상관의 눈초리도, 만날 때마다 속을 긁는 친구의 트집도, 모두 자기를 도와 달라는 구조요청이란 것을. 그 처절한 공격에 공격으로 대응하지 말자. 그냥 도와주자.

늙은 의자

나는 왜 당신의 가난한 의자가 되어주지 못하고, 당신의 의자에만 앉으려고 허둥지둥 달려왔는지. 나는 왜 당신의 의자 한번 고쳐주지 못하고, 부서진 의자를 다시 부수고 말았는지. 산다는 것은 낡은 의자 하나 차지하는 일이었을 뿐. 작고 낡은 의자에 한번 앉았다가 일어나는 일이었을 뿐. ─정호승, 〈낡은 의자를 위한 저녁기도〉 중

그 사람 힘든 줄 모르고 식탁의자에 앉아 반찬투정을 했다. 그 사람 바쁘게 서 있는 줄 모르고 소파에 등기대고 TV만 봤다. 늘 그 사람은 나에게 의자가 되어 주었지만, 나는 그 사람에게 의자가 되어 주지 않았다. 이제라도 그 사람에게 나의 늙은 무릎을 내민다.

야전군 영

102
보충대

덩치만 컸지 겁 많고 순해 빠진 녀석을… 오늘 한파주의보 내린 강원도 춘천 땅에 두고 돌아왔다. 102보충대에는 천여 명이 넘는 까까머리 순둥이들이 집결해 있었지만 우리 생각에는 아들 녀석이 제일 순둥이처럼 보였다. 제대로 안아주지도 못한 채 저 혼자 놀라 연병장으로 뛰어가는 모습에 그만 눈물이 터졌다. 추위, 결핍, 사람, 그리움, 그리고 인내… 오직 거기서만 할 수 있는 값진 경험을 마음껏 하고 오라고 어젯밤 적어 준 수첩을 아들은 손에 꼭 쥐고 들어갔다. 속이 후련하다고 말하며 아내는 서울춘천고속도로에 눈물을 버리고 있었다. 우리 부부는 안다. 현관문을 열자마자 아들의 방으로 곧장 들어갈 것이고, 어질러진 아들의 빈 방에서 펑펑 울게 될 것을. 곁에 있을 때 이렇게 그리워했으면 좋았을 것을.

아
내
의
꿈

내가 엄마로 살면서도 이렇게 내 꿈이 많은데. 내가 나의 어린 시절을, 나의 소녀
시절을, 나의 처녀시절을 하나도 잊지 않고 기억하고 있는데 왜 엄마는 처음부터
엄마인 것으로만 알고 있었을까. 난 엄마의 꿈에 대해서는 왜 아무런 생각도 해
본 적이 없었을까. – 신경숙, 《엄마를 부탁해》 중

‘통화종료’ 버튼을 누르다가 엄마의 꿈이 과연 ‘엄마’였을까 생
각해 본다. 그리고 아이들의 엄마인 아내의 꿈은 무엇이었을까
궁금해졌다. 아내의 꿈이 ‘엄마’라고 생각하고 있는 것은 아닌
지. 엄마의 꿈을 생각했다면 이제 아내의 꿈을 찾아주는 게 내
가 할 일이 아닐까. 어린이날 해준 것 없다고 어버이날에 카네
이션을 생략한 용감한 녀석들!

천국을 장식하는 꽃

"여기에서 꺾고 싶은 꽃을 하나 꺾어 보거라."
시아버지가 무겁게 입을 열었다. 나는 가장 아름답게 핀 장미꽃 한 송이를 꺾었다.
그러자 시아버지가 다시 입을 열었다.
"그것 봐라. 내 그럴 줄 알았다. 우리가 정원의 꽃 중에서 가장 아름다운 꽃을 꺾어 꽃병에 꽂듯이 하느님도 가장 아름다운 인간을 먼저 꺾어 천국을 장식한다. 얘야, 이제는 너무 슬퍼하지 마라." – 정호승, 《사랑에 대한 64가지 믿음》 중

출장 중 늦은 밤, 마지막 투병 중인 장인어른을 뵙다. 전화 속에서 우는 아내에게 해주고 싶은 말.

걱정 금지

샨티데바의 초창기 불교 경구에는 이런 말이 있습니다.
"만약 네가 네 문제를 풀 수 있으면 걱정할 필요가 무엇인가? 만약 풀지 못하면 걱정해 무엇 하는가?"-카루나 케이턴, 《마음은 어떻게 오작동 하는가》 중

혹시 뜻대로 일이 풀리지 않아 걱정하고 있다면 그럴 필요 없다는 말 전한다. 걱정을 마음에 담고 있지 말고 흘려보내기를 조언한다. 공모전에 출품할 그림 때문에 걱정하며 밤을 새는 딸아이에게. 딸아, 오늘은 금요일이란다. 걱정이 금지된 날이지.

비 오는 정류장에서

어머니께서 비를 흠뻑 맞고 집에 오셨다. 깜짝 놀라 맞으니 손에 우산이 들려있지 않은가. 어머니는 빙그레 웃으시며 접어진 우산 속에서 종이에 싼 것을 먹어 보라며 내미신다. 떡이었다. 비에 젖지 않게 그것을 우산으로 가리고 당신은 흠뻑 비를 맞고 오신 것이다. ─정채봉

우산을 챙겨 가지 않은 딸아이를 기다리는 버스 정류장에서. 여러 대의 학원 버스가 멈출 때마다 목을 내밀곤 하다가. 고작 십여 분의 기다림이 딸아이를 향한 짜증으로 바뀌는 순간. 아, 나는 아직 멀었다. 나의 어머니와 아버지의 그 마음 따라가려면 아직 멀었다. 어머니가 비에 젖은 손으로 건넸던 그 품속의 떡. 아버지가 말없이 툭 던져 주시던 먼 마을 잔칫집 도시락. 부모 마음의 교과서. 주르륵─. 양 손에 우산을 든 눈에서 빗물이 흐르고. 몰래 빗물을 훔치는 내 앞으로 딸아이가 웃으며 들어선다. 버스 정류장에는 아직도 비가 내리고.

전쟁은 끝났다

닫혀서 찾지 않는 것이 아니라 찾지 않아서 닫힌 거죠. 우리 마음도 그래요. 닫혀 있는 것처럼 보일 뿐이에요. 누군가 두드려 주길 바라고, 따뜻하게 만져 주길 바라죠. 언젠가가 아닌, 바로 지금. ─쥴리&저스틴, 《지중해 in BLUE》 중

아내와 딸의 길고도 차가운 전쟁이 끝났다. 중딩 때부터 고삼을 앞둔 지금까지 지루한 질풍노도의 시기를 지나고 있는 딸. 사십대에 다시 온다는 사춘기를 겪는 듯한 아내. 서로의 마음을 닫은 채 일주일을 투명인간처럼 대하더니, 결국 어제 저녁, 뜨거운 눈물로 화해했다. 우리는 "나를 알아주세요. 상처 받은 내 기분을 알아주세요."라는 말을 심통과 투정으로 표현하는 경우가 많다. 지쳐 있을 때는 그 말의 속뜻을 읽지 못하고 호통과 짜증으로 대답을 하게 된다. 그럴 땐 "진짜 네 마음이 원하는 게 뭐니?"라고 생각해 보거나 노크해 보는 게 현명하지 않을까. 어쨌든 전쟁은 끝났다.

몸살이 난 그대에게

몸살은 '몸이 살아나려고 발버둥치는 것'이라고 했다. 마음도 아프면 살기 위해 발버둥을 친다. 몸살이 났을 때는 몸을 움직이지 않고 쉬면서 가만히 놓아두듯, 마음이 아프면 마음을 움직이지 말고 가만히 놓아두면 어떨까? 생각도 하지 말고, 기억도 하지 말고, 상상도 하지 말고 마음에 아무도, 그 무엇도 들어오지 못하게. 그렇게 잠시만 놓아두자. —이애경, 《그냥 눈물이 나》 중

오늘은 아내의 생일, 울 엄마의 생신이기도 하지. 자기의 생일이면서 늘 시어머니 생일 뒤편에서 내색하지 않던 아내의 21년 21일의 날들이 안쓰러워 눈물이 난다. 며칠 전부터 몸살이 나 힘들어 하던 모습이 사실은 마음에 몸살이 났던 게 아닐까 싶다. 축하해. 오늘은 당신의 생일, 생명이 다시 충전되는 날이야. 당신 마음에 그 어떤 고민도 들어가지 못하게 내가 막아 줄께.

결혼기념일

당신은 내게 늘 한결같은 햇살입니다. 지금 먹구름이 우리 사이를 가르고 있지만, 오래 버티지 못합니다. 당신의 따사로움에 구름도 바람도 항복하겠지요. ─손경찬, 〈아내〉 중

결혼기념일, 22년 전 오늘 흰 눈이 내렸지요. '아내'는 '안해(집 안에 있는 해)'란 말이 변한 거라고 해요. 21년 동안 한결같이 우리 집을 비춰줘서 고마워요. '남편'이란 사람은 밖으로만 돌며 '남 편'만 들어 많이 섭섭했을 거예요. 내색하지 않았지만 다 알고 있어요. 이제 우리 같이 비춰요. 두 줄기 햇살을 하나로 합쳐 그 어떤 추위도 다 데워 버립시다. 남은 인생 따뜻함을 넘어 뜨겁게 살아 보십시다. 사람들은 처음에 사랑으로 부부가 되었다가, 같이 산 세월의 정으로 살게 되고, 결국에는 의리 때문에 사는 거라고 하지요. 난 처음에 당신이 여자로만 보였어요. 그러다가 친구로 보이기 시작했고, 이십여 년이 지난 지금… 이제는 당신이 나로 보인답니다. 그래서 당신이 없으면 내가 없는 것 같아요. 당신은 곧 나입니다.

너의 길을 가렴

앞에서 살살거리면서 뒤에선 그림에 대해 비난하는 학원 친구 때문에 속상해 하는 딸아이에게. 딸아, 네가 그린 그림은 그들보다 백보는 앞서 있단다. 비난이란 브레이크 페달이 아니라 액셀러레이터 페달과 같은 거란다. 비난을 동력삼아 앞으로 달려 나가렴.

아내의 눈물

아내의 눈물이 생각납니다. 많이도 울었던.

언제나 옆에 있어 주기

몇 년간 남편의 병시중을 들던 아내가 있었습니다. 그녀는 남편이 죽고 며칠이 지난 어느 날 이렇게 말했습니다. "병상에 누워 있었어도 남편이 있을 때가 든든했어요." 남편이 아내에게 줄 가장 큰 선물은 돈도 아니고 꽃도 아니고 '든든함'입니다. ─박시호, 《행복편지》 중

많은 돈을 벌어 주지도, 조곤조곤 정감어린 대화를 자주 하지도, 솔선해서 집안일을 거들어 주지도 않지만. 내가 해 줄 수 있는 건 그냥 한결같은 모습으로 옆에 있어 주는 일 뿐이다. 든든하게 생각할지는 알 수 없지만.

사랑할 만큼 사랑한 후에

참을 만큼 참는 건 인내가 아닙니다. 인내의 시작은 참지 못하는 것을 참을 때부터 시작되니까요. 노력할 만큼 노력하는 건 노력이 아닙니다. 노력의 시작은 언제나 노력할 만큼 노력한 다음부터 시작되니까요. ─축구선수 이영표

사랑도 사랑할 만큼 사랑한 다음부터 시작되는 게 아닐까? 그만큼 처절하지 않다면 아직 사랑을 시작한 것이 아니다. 사랑은 참을 수 없는 것까지 참아내고, 노력할 만큼 노력한 다음부터 시작할 수 있는 것이다.

딸아이가 미쳤어요

파브르는 곤충에 미쳐 있었습니다. 포드는 자동차에 미쳐 있었습니다. 에디슨은 전기에 미쳐 있었습니다. 지금 당신은 무엇에 미쳐 있는가를 점검해 보십시오. 왜냐하면 당신이 미쳐 있는 그것은 반드시 실현되기 때문입니다. ─폴 마이어

무엇에 미쳐 본 것이 언제였던가. 정말 주변 돌보지 않고 식음을 전폐하며 미치도록 몰입했던 그런 때가 있었다. 만화, 소설과 시, 컴퓨터, 그리고 일… 지금의 나는 무엇에 미쳐 있을까? 그런 미친 열정이 있기나 한 걸까? 가슴 속에 품고만 있는 미치고 싶은 그 일을 하자. 다행인 것은 그림에 목숨을 걸고 있는 딸아이가 제대로 '미'쳤다는 것.

남자의 사명

마찬가지로, 남자들이 명심해야 할 것이 있다. 바로 자신의 삶과 가정을 나 몰라라 한 채 일에만 매달리는 인생을 살면 안 된다는 것이다. 일은 가정을 꾸리기 위한 수단이지 일 자체가 목적이 아니다. 일에 전념하기 위해 가정이 평온해야 한다는 착각에서 벗어나자. 남자가 목숨 걸고 지켜야 할 것은 일이 아니라 가족이다. 오늘, 일찍 돌아가 가정을 사수하자.

place
mori

아내의 장바구니

엄마가 시장에서 돌아오면 동생과 나는 오로지 장바구니에만 관심이 있었다.
"엄마, 내 운동화 사 왔어요?"
"다음에 꼭 사올게."
"운동화가 다 떨어져서 창피하단 말이에요."
엄마의 장바구니엔 우리가 쓸 칫솔과 아버지 속옷 그리고 우리 식구가 먹을 찬거리뿐이었다. 내 나이 서른이 되어 이제야 물어본다.
"엄마, 엄마가 쓸 것은 왜 하나도 없어요?" – 심승현, 《파페포포 투게더》 중

그러고 보니 아내의 장바구니에도 아내의 물건이 보이지 않는다…. 1+1, 2+1인 상품만 고집한다며 항의만 했다. 마트에 들어가면 유통기한 임박한 세일 상품 코너로 직행하는 아내를 못마땅하게 여기기만 했다. 그렇게 살지 말자고 핀잔만 주었지, 쇼핑카트 안에 아내의 물건이 하나도 없음을 눈치 채지 못했다. 바보였다. 아내가 우리의 물건을 사듯 우리도 아내의 물건을 샀어야 한다는 것을.

돌려주기

내가 만약 다시 태어난다면, 아내의 '아내'가 되어 아내가 그랬듯 평생 더운 밥 지어 주고 싶다. 생을 다시 이어서라도 헌신함에 있어 공평해지는 게 관계의 최종적 윤리성이라 믿기 때문이다. —박범신

해 뜨기 전 통근버스 타는 남편 때문에 덩달아 바빠진 아내. 나는 아내의 아내처럼 할 수 있을까. 평형을 이루는 것이 관계의 윤리성이라면 나는 친구의 친구, 동료의 동료가 되어 배려와 헌신을 돌려 주고 있는지 짚어보아야 한다. 일방의 관계는 균형을 잃기 마련이다. 관계의 지속가능성은 '~보다'가 아니라 '~만큼'에 있는 것 같다. 벌어들인 재물을 세상에 다시 돌려주는 사람들은 이를 알고 있지 않을까.

침묵의 변

흔히들 침묵의 이유를 할 말이 없어서라고 알고 있다. 그러나 백 마디의 말보다 찰나의 침묵 속에 천 마디 이상의 말이 들어 있음을 간과한다. 침묵은 거의 빈 채로 끝나는 고수들의 바둑판이다. 나와 상대의 수천 가지 이상의 수를 계산한 끝에 던지는 침묵의 돌인 것이다. 대화 중에 상대가 나에게 침묵을 주는 것은 진실한 소통을 생각하라는 시간적 배려이다.

함께 있는 사람들

밖에서 만나는 사람들에게는 한없이 친절하면서 집에 들어오면 퉁명스럽고 불친절하기 그지없는 우리나라 중년 남자들. 밖에서 어쩔 수 없이 감정을 억눌렀지만 집에서는 그러고 싶지 않다는 것일까. 그러나 안타까운 사람아, 그대가 사랑하고 사랑해야 하는 사람들은 밖이 아니라 집 안에 있다. 함부로 대하지 말아야 할 사람은 바로 그대와 함께 있는 사람들이란 말이다.

뜻밖의 휴일

사랑한다는 것은 시간을 나누어 가지는 일이다. 자신의 시간을 상대에게 건네고 상대의 시간을 나누어 받으면 같은 추억을 만든다. 얼마나 깊이 사랑하느냐는 얼마나 오래 사랑하는가가 아니라 얼마나 많은 추억을 공유했는가에 의해 결정된다. ─이수현, 《사랑의 발견》 중

추억을 나누는 것. 나의 시간 속에 그가 들어 있고, 그의 시간 속에 내가 들어 앉아 있는 것. 시간을 나누는 것보다 더 큰 사랑은 없다. 오늘 내일 휴일, 시간을 같이 나누기 위해 학교 간 애들만 기다리다. 뜻밖의 휴일은 사랑하는 사람들을 차곡차곡 내 시간 속에 챙겨 넣는 날.

3

낯설수록
설레임은 뜨겁다

구겨진 종이

NASA에서는 중대한 실패를 경험한 사람을 우주비행사로 뽑는다고 합니다. 반듯하고 상처하나 없이 성장한 엘리트보다 실수와 실패를 경험한 사람이 우주여행 중에 발생할 위기를 극복할 수 있다고 보는 것이지요. 어떤가요? 지금 겪고 있는 어려움과 좌절이 더 멀리 인생을 여행하기 위한 구겨짐이라는 생각이 들지 않나요? 까짓것 좀 구겨지면 어떻습니까, 괜찮습니다. (사무실 A4용지 옆에서)

제대로 된 적

정직하게 반대할 줄 아는 사람이 되라. 분별 있는 사람도 어쩔 수 없이 다른 이의 적이 될 수 있다. 그러나 보잘 것 없는 적이 되지는 말라. ─발타자르 그라시안

적을 만들지 않으려고 처신해 왔다. 남에게 적이 되지 않으려고 조심해 왔다. 그러나 요즘 맡고 있는 업무의 특성상 때로는 적도 생기고 적이 되기도 한다. 기왕 이렇게 된 것. '보잘 것 없는 적'이 아니라, '제대로 된 적'이 되어야겠다. 가장 적다운 '적'이 친구다운 '친구'가 될 수 있으니.

하산을 결심하기 전에

회사는 견디기 힘들 때 그만두는 것이 아니라, 자기 발전의 비전이 사라질 때 그만두는 거야. 그러니까 업무나 인간관계나 보수가 문제라면, 조금 더 견뎌봐. 지금 그 자리에서 배울 것이 남아 있는 한. —김난도, 《천 번을 흔들려야 어른이 된다》 중

더 이상 배울 것이 없으면 하산하겠는데… 나는 아직 배울 것이 많다. 힘에 부치는 업무량도, 껄끄러운 인간관계도, 마이너스 통장으로 이체되는 보수도 나에게 무언가를 가르친다. 힘이 들지 않는 일은 없고, '역경'을 견뎌야 '경력'이 된다는 것을. 하산을 결심하기 전 다시 한 번 생각해 보자, 정말로 배울 것이 남아 있지 않은지.

적성이란

나를 비롯한 많은 사람이 노력의 부족은 인정하지 않으면서 재능이 없다고, 비전이 없다고, 배경이 없다고 핑계를 댄다. 달인은 "안 해봤으면 말을 하지 말라."고 했는데, 우리는 해 보기도 전에 왜 안 되는지 이유를 찾기 바쁘다. ─성수선, 《밑줄 긋는 여자》 중

나는 여기가 체질이 아닌가 봐요. 내 적성에 안 맞는 것 같아요. 발령 난 지 두 달도 지나지 않아 공공연히 이런 말 하는 후배. 공무원은 일에 적성을 맞춘다. 체질이나 적성은 맡겨진 일을 해내려고 애쓰다 생겨나는 익숙함. 맡은 업무가 낯설면 낯설수록 설레임은 더욱 뜨겁다. 그 뜨거운 두근거림을 즐겨야 한다고 말하고 싶다.

괜찮지 않아

괜찮다는 말은 내가 한 말 중 최고의 거짓말… 그냥 괜찮지 않다고 말하는 거 어때?

상
처
치
료
제

꽃이 꽃에게 다치는 일이 없고, 풀이 풀에게 다치는 일이 없고, 나무가 나무에게
다치는 일이 없듯이, 사람이 사람에게 다치는 일이 없었으면 좋겠다. 꽃의 얼굴이
다르다 해서 잘난 체 아니 하듯, 나무의 자리가 다르다 해서 다투지 아니하듯. ─이
채, 〈사람이 사람에게〉 중

상처를 주는 사람이 있고, 후시딘 같은 사람이 있다. 감염되지
않게 상처를 덮어 주고, 새로운 용기를 갖게 하고, 마데카솔처
럼 새 살 돋게 하는 사람이 있다. 살면서 어쩔 수 없이 상처를 주
게 되더라도 적어도 다친 사람을 외면하는 사람은 되지 말자.

한결같지 않은 나무

살아가노라면, 가슴 아픈 일 한두 가지겠는가. 깊은 곳에 뿌리를 감추고, 흔들리지 않는 자기를 사는 나무처럼, 그걸 사는 거다. 봄, 여름, 가을, 긴 겨울을. 높은 곳으로 보다 높은 곳으로, 쉼 없이 한결같이 사노라면, 가슴 상하는 일 한두 가지겠는가. ─조병화, 〈나무의 철학〉 중

세상에 한결같은 사람이 어디 있을까. 비바람 불고 무겁게 눈 내려도 내색 않고 견디는 나무도 실은 한결같아 보이는 것이다. 그렇게 보이도록 속으로 삼키며 참았을 힘든 시간들. 나는 한결같은 사람에게서 한결같은 인내를 본다. 그리고 살다가 가슴 상할 때 펑펑 쏟아내기를 부탁한다. 휴직을 앞 둔 후배에게.

사
회
복
지
사

지나친 헌신과 사명감에 타 올라 눈에 쌍심지를 켜고 일하고 있지 않은지. 그러다 마음 속 진액 다 태워버리고 빛을 잃어 버린 눈으로 무너질라. 우리는 마음이 연료인 사람들. 그늘진 사람들에게 밝고 따뜻한 빛을 주는 일을 하는 사람들이다. 그러나 우리도 사람이다. 연료통이 비지 않도록 마음의 심지를 조절할 필요가 있다. 아무리 헌신을 강요받더라도 가끔은 쉬면서 감정을 충전하여야 한다. 충만한 마음으로 그들을 대하는 것도 사명이니까.

아름다운 섬

우리 안에는 우리가 언제든 쉴 수 있는 아름다운 섬이 있습니다. 아무도 나를 사랑하지 않는다는 생각이 들 때. 내 마음대로 되는 일이 없다는 생각이 들 때 돌아갈 곳이 있다는 것을 잊지 마십시오. 자기 자신에게 돌아가십시오. ─탁닛한, 《포옹》 중

사람들 속에도 섬이 있고, 집 안에도 섬이 있다. 사무실 내 자리 한 켠에도 작은 섬 하나 있고, 망망대해 인터넷에도 나만의 섬이 존재한다. 하루에 한두 번 힘이 들거나, 마음이 울적하거나, 세상으로부터 잠시 피난하고 싶을 때. 그 섬으로 들어가 전파를 끊고 휴식한다. 그리고 내가 위로 받았던 것처럼 이 글을 읽는 이도 위로 받기를 바라면서 기록을 남긴다.

cafe
Mee's ceramic
living

아무것도 하지 않지 않기

그렇지만 중학교 삼 년을 참고, 고등학교 삼 년을 참고, 대학에 들어가서 잠시 놀다가, 그 후에는 정년이 될 때까지 참으며 일을 해야 해. 그 후에 뭐가 있을까. 결국 참다 보면 인생은 끝나고 말지. ─이시다 이라, 《아름다운 아이》 중

오늘의 고통을 참으면 내일은 행복이 되어 온다고 배웠다. 그러나 절대 그렇지 않다. 적금처럼 오늘 작은 행복을 참는다고 내일 큰 행복으로 부풀려지는 일도 없고, 오늘 참은 작은 고통이 내일 기쁨으로 변하는 일도 없다. 참는 것은 아무것도 하지 않는 것이기 때문이다. 그것도 아무도 모르게 말이다. 맛있는 음식을 먹으면 맛있다 얘기하고, 예쁜 꽃을 보면 예쁘다 말을 하자. 힘이 들면 힘들다 얘기하고, 아프면 아프다 말을 하자. 절대 아무것도 하지 않지 말자.

가장 맛있는 커피

다른 사람이 타 준 커피가 가장 맛있다는 사실을 알려 준 헬싱키 배경 일본 영화. 사람의 혀는 음식물의 성분뿐만 아니라 그 속에 들어 있는 만든 이의 정성과 마음까지 감별한다. 꿀꿀한 아침, 격려 한 스푼, 애정 두 스푼을 넣은 커피를 마신다.

위험한 기회

세상에는 두 종류의 사람이 있어. 왜 세상이 이런 상태로 되어 있는가를 생각하는 사람과 어떻게 세상을 바꿀 수 있는가를 생각하는 사람… 나는 두 번째 범주의 사람이야. '어떻게'는 '왜'보다 강한 거야. -베르나르 베르베르, 《카산드라의 거울》 중

자기 집이 무너진 것을 발견했을 때 개미가 가장 먼저 하는 일은 집 지을 재료를 다시 모으는 일이라고 한다. 왜 나에게 이런 일이 생겼냐고 슬퍼하거나 분노하는 일은 문제해결에 아무런 도움이 되지 않는다는 것을 알기 때문이다. 살다 보면 주기적으로 위기가 찾아온다. 그때 나는 '왜'를 생각할 것인가, '어떻게'를 생각할 것인가. 위기는 '위험한 기회'일 뿐이다.

어떤 그릇으로 살아야

성공은 그릇이 가득 차는 것이고, 실패는 그릇을 쏟는 것이라고 합니다. 그러나 한 편으로 생각하면 성공은 가득히 넘치는 물을 즐기는 도취임에 반하여, 실패는 빈 그릇 자체에 대한 냉철한 성찰입니다. 저는 비록 그릇을 깨뜨린 축에 속합니다만, 성공에 의해서는 대개 그 지위가 커지고, 실패에 의해서는 자주 그 사람이 커진다 는 역설을 믿고 싶습니다. ─ 신영복, 《처음처럼》 중

나는 가득 차 넘치는 그릇도, 오래 비워 바닥이 마른 그릇도 소망하지 않습니다. 그저 목마름을 해갈할 수 있을 정도, 자유롭게 들고 다녀도 흘리지 않을 정도로 차 있는 그릇이기를 소망합니다. 많이 비울수록 사람이 커진다는 말, 마음 깊이 새기면서 목마른 사람을 찾아 나누어 마시며, 노력으로 비웠다가 채우기를 거듭하며, 달군 쇠 담금질하듯 점점 커가는 그릇으로 살기를 소원합니다.

선물포장을 뜯다

"선물을 받았을 때 포장을 뜯고 그 안에서 선물을 꺼내야 하는 것은 누구지?"
"선물을 받은 사람이오."
"맞아, 선물을 받은 사람이야. 재능도 선물이야. 그러므로 주어진 재능을 자기 자신으로부터 꺼내는 것은 늘 스스로의 몫이지." – 김은주, 《달팽이 안에 달》 중

그래, 잊고 있었다. 받아만 놓고 포장을 뜯지도 않은 선물이 나에게도 있었지. 사람을 사랑하는 재능, 힘들어도 꿋꿋이 참아내는 재능, 비난을 무서워하지 않는 재능… 오늘부터 나의 재능을 꺼내자.

싸
움
친
구

싸움의 정도가 치열할수록 우정도 치열하다. 의견이 대립되거나 그 사람 때문에 화가 나거나, 어떤 식으로든 유쾌하지 않은 경험이 있다면, 내 마음 안에 그 사람이 들어 와 있는 것이다. 한 번도 삐진 적도 실망한 적도 없는 그 사람은 내 관심 밖의 인물. 싸우면서 친해지는 거라고 아이들에게 말한다. 하지만 그 말은 어른이 된 아이들에게도 유효하다. 음. 오늘 누구와 함 싸워 볼까나. 찌릿!

모여서 타는 불

하루는 사제가 시골 본당을 둘러보다가 교회에 잘 나오지 않는 노인을 찾아갔다. 노인은 집에서 기도를 바친다며 주변 신자들과 어울려야 할 필요성을 느끼지 않노라는 변명을 늘어놓았다. 공터 모닥불 앞에 앉아 이야기를 나눌 때 사제가 시뻘겋게 타오르는 나무토막을 꺼내 놓았다. 이야기가 계속되는 동안 그 나무토막은 점점 불꽃이 사그라졌다. 그때 사제는 노인의 눈을 쳐다보며 타다 만 나무토막을 다시 불 속에 집어넣었다. 그러자 노인은 그것이 무엇을 의미하는지 알아차렸다. ─프랭크 미할릭, 《느낌이 있는 이야기》 중

혹시 나도 혼자 타고 있는 나무토막이 아닌지. 풀들이 서로 잡아주며 바람을 견디듯, 사람은 모닥불처럼 서로의 불길로 겨울을 난다. 사람에 대한 불만과 자기 존재에 대한 오만함으로 홀로 타고 있지 않은지 돌아볼 일이다. 모닥불은 모여서 타는 불이다. 오랜만에 들린 사무실. 우리 방은 모닥불일까?

에스원
SECOM
1588-3112

먹이를 많이 준 놈

어느 인디언 노인은 내면의 싸움을 이렇게 표현했다.
"내 안에는 개 두 마리가 있소. 한 마리는 고약하고 못된 놈이고 다른 한 마리는 착한 놈이오. 못된 놈은 착한 놈에게 늘 싸움을 걸지요."
어떤 개가 이기냐고 묻자 노인은 잠시 생각하더니 대답했다.
"내가 먹이를 더 많이 준 놈이오." — 킴벌리 커버거, 《당당한 내가 좋다》 중

지금의 나는 결국 내가 키워온 것이다. 다른 사람들이 나를 이렇게 만든 것이 아니다. 내 마음 속에 살고 있는 두 녀석 중 어떤 녀석에게 생각의 밥을 많이 준 결과인 것이다. 밥을 많이 먹으면 몸집이 불듯 생각을 많이 하면 마음도 커진다.

좋은 생각, 힘이 나는 생각으로 오늘을 살자.

소매를 걷어 붙이고

내가 아는 어떤 사람들은 일은 하지 않고 소매만 걷어 붙인다. 어떤 사람들은 그런 자리를 보면 자취도 없이 사라진다. 그러나 일이 끝나갈 무렵 소매를 걷어 붙인 채 귀신같이 나타난다. 반면에 어떤 사람은 소매를 걷어 붙이지도 못한 채 정신없이 힘든 일을 해낸다. 나는 어떤 사람일까. 소매를 걷어 붙이는 것 따위에 현혹되지 말자.

임항선 철길

'우리 하나가 되어 살자'라고 말은 하지만 '우리'라는 복수명사가 '하나'라는 단수가 될 수 없다는 사실을 이미 알고 있다. 나는 우리가 하나처럼 사는 것을 원하지 않는다. 나와 나 사이에도 간격이 있듯, 우리 사이에 있는 간격을 인정하며 살기를 원한다. 그 떨어져 있는 간격은 나를 돌아볼 수 있고 너를 바라볼 수 있게 하는 완충지대. 두개의 철로는 비록 떨어져 있지만 무수한 침묵으로 교감하며 같은 곳을 향해 가고 있지 않은가.

벼랑 끝에서

그 후로 나는 어려운 문제에 봉착할 때마다 나 자신은 물론 직원들에게 이렇게 말한다. "신이 손을 뻗어 도와주고 싶을 정도로 일에 전념하라. 그러면 아무리 고통스러운 일일지라도 반드시 신이 손을 내밀 것이고, 반드시 성공할 수 있을 것이다."-이나모리 가즈오, 《왜 일하는가?》 중

같은 후배라도 일부러 참견하여 도와주고 싶은 사람이 있고, 그래 네 마음대로 한번 해 보라고 외면하게 되는 사람이 있다. 고민 없이 묻기만 하거나, 묻지 않고 고민만 하거나, 묻지도 고민하지도 않는 경우가 그렇다. 선배는 후배의 물음 속에서 고민의 벼랑 끝을 보았을 때, 손을 내밀고 싶어 한다. 자기가 그랬듯 그 벼랑 끝에서 선배의 흔적을 따라 도움을 요청하기를 기다리는 것이다. 해답으로 가는 길이 어려울 순 있어도 답이 없는 문제는 없다. 그리고 거기에는 반드시 먼저 지나간 선배가 있다.

어느 멋진 날

그 어느 멋진 날이 혹시 오늘이 아닐까? 두근대는 기대감으로 모닝커피를 마신다. 만약 오늘이 아니라면 내일일 수 있으니 더 잘된 일이다. 스스로 멋진 오늘들을 살아내는 것. 행복은 소풍 전 날의 두근거림으로 오늘을 시작하는 데 있다.

짧은 선, 긴 선

선배는 말없이 미소를 지으며 커다란 종이를 가지고 와서 그 위에 직선 하나를 그렸다. "지우는 것 말고, 다른 방법을 써서 이 선을 짧아지게 해봐."
그녀는 선배가 무슨 뚱딴지같은 요구를 하는 것인지 이해할 수 없었다. 종이의 선을 바라보았지만, 선을 지우지 않고 짧게 만들 수 있는 방법은 없을 것 같았다.
"모르겠어요. 그게 과연 가능하기나 할까요?" 선배는 빙그레 웃고는 볼펜을 집었다. 그리고 원래 그렸던 선 옆에 그보다 더욱 기다란 선을 하나 그렸다. 옆에 긴 선이 생기자, 과연 원래의 선이 훨씬 짧아 보였다.
"경쟁에서 이기는 방법이 상대의 약점을 공격하는 것만 있는 게 아니야. 방금 기다란 선이 하나 생기니까 기존의 선이 상대적으로 짧아졌지? 상대의 능력을 발휘하지 못하게 하는 것이 낮은 차원의 성공 방법이라면, 더욱 궁극적인 방법은 네가 상대보다 더 강해지는 것이지. 상대는 잊어도 돼. 스스로 강해져야 해. 그러면 상대는 네 앞에서 짧은 선이 되고 말 거야."─무무, 《오늘 뺄셈》 중

사람을 누르면 누른 사람도 낮아지지, 일으켜 세우면 그 사람도 일어서는 것처럼. 때로는 이 세상 유일한 경쟁상대는 나 자신 밖에 없다는 자만감으로 살 필요도 있겠다. 자기가 길다고 생각하는 선들에게 한 마디, 길고 짧은 건 대봐야 하는 거라고.

마실 수 없는 일

술잔도 7부 능선 이상으로 채우면 벅차다. 정이 넘쳐야 한다고 잔을 넘치게 따르면 정이 아니라 원망만 넘친다. 사람과의 관계도 그렇고 업무도 그렇다. 좋아한다고 지나치게 가까이 다가가면 움찔 놀라 뒤로 물러서는 게 사람이다. 사랑할수록 7할의 거리를 유지할 필요가 있다. 일하는 것도 자기 능력의 70%가 적당하다. 혼신을 다해 100%나 그 이상의 열심으로 미친 듯 일하면, 곧 미치게 된다. 잔을 넘어 흘러내린 술은 마실 수 없다. 마실 수도 없는 일을 하지 말자.

비행기의 자유

사부님 왜 비행기는 후진이 안 될까요. 새들도 후진이 안 된다. 왜 그런가요. 하늘은 전후좌우가 없기 때문이다. ―이외수, 《여자도 여자를 모른다》 중

하늘이 전후좌우가 없긴 하지만. 비행기가 제 마음대로 하늘을 나는 것은 아니다. 비행기도 알고 보면 누구보다 엄격한 선로의 구속을 받고 있다. 사람도 이처럼 철저하게 혼선방지 설계된 선로를 따라 삶을 살고 있는 것. 어쩌면 자유란 남의 선로를 침범하지 않고 내 선로를 가는 속도에 대한 재량. 빠르거나 또는 느리거나… 아니면 멈추거나.

마음의 체

너무 촘촘하게 세상을 살지 말자. 힘들다. 그저 남들처럼 숭숭 뚫린 마음의 체로 설렁설렁 살자. 작고 많은 욕심 알갱이 마음 속에 굴러다니지 않게, 허허 웃으며 넉살 좋게 사는 법을 배우자. 항상 처삼촌 벌초하듯 일해야 한다고 말하던 그 사람이 그립다. 회사에서는 'Ctrl + C'와 'Ctrl + V'만 알면 된다던 선배도 그렇고. 마른걸레 물짜듯 일하는 습관 버리고 설렁설렁 살자.

4

우리 함께
합시다

그
냥
…
좋
다

무언가 이유는 있지만 말이 마음을 담지 못할 때, 우리는 '그냥'이라고 한다. — twitter에서

그냥… 좋아. 사는 게. 너와 같이. 세상을.

케세라세라

닥치는 대로. 될 대로 되라. 난 겁내지 않는다. 이것도 운명이다. 이 모든 걸 한마디로 표현할 수 있는 말이 존재한다. 라틴어 '케 세라 세라'. ─이벽률, 《끌림》 중

그래, 겁낼 것 없다. 운명은 간절히 원하는 방향에서 찾아온다. 아직 원하는 대로 되지 않았다면, 순서가 되지 않았을 뿐이다. 기다리면 내 차례가 온다. 먹구름도 비바람도 기다리면 다 지나간다. 운명처럼 사랑이, 행복이 왔다고 말을 하지만 사실은 내 차례가 되었기 때문이다.

커버플레이

축구에는 '커버플레이'라는 것이 있습니다. 자신이 책임져야 하는 위치를 철저히 지키면서 위험에 처한 동료들을 돕기 위해 항상 준비하는 자세를 말합니다. 우리의 삶… 우리… 서로 '커버플레이' 할래요? ─축구선수 이영표

골인 장면만 모은 영상은 쉽게 질린다. 골을 넣기까지 상대 선수를 막아주고, 나보다 좋은 위치에 있는 동료에게 기꺼이 공을 건네는… 드러나지 않는 아름다운 장면이 생략되어 있기 때문이다. 사는 일도 축구와 같았으면 좋겠다. 가족끼리, 동료끼리, 서로가 서로를 커버해 주는. 한 사람이 골을 넣은 게 아니듯, 성과도 팀원 전체의 수고로 돌리는. 그렇게 아름다운 경기를 해 보고 싶다.

그럴 수도 있는 일 때문에 사람의 마음에 상처를 남기고 있지는 않습니까? 내 마음에 들지 않게 일을 했어도 "그럴 수도 있지."라고 말해 봅시다. 그러면 한결 좋아진, 따뜻한 기분을 느낄 것입니다. ―김홍식, 《우리에게 가장 소중한 것은》 중

요령 안 피우고 최선을 다했으면 되었지. 굳이 상처 받을 필요는 없는 것이다. 감내할 수 없는 상처는 상처로 끝나지 않는 법. 때로는 받는 사람보다 주는 사람이 더 큰 상처를 입기도 하지. 나를 위해서라도 상처 주는 말 입에 담지 말고 "뭐, 그럴 수도 있지."라고 말해 보자. 시흥 관곡지에서 상처 입은 연잎만 찍으면서 다짐한 말.

빨래처럼 사는 법

빨래가 바람에 제 몸을 맡기는 것처럼 인생도 바람에 맡기는 거야. 시간이 흘러흘러 빨래가 마르는 것처럼, 슬픈 눈물도 마를 거야. 자, 힘을 내⋯ ―이해인, 《꽃이 지고 나면 잎이 보이듯이》 중

가끔 힘이 부쳐 마음이 축축할 때, 잠시 손 놓고 바람 부는 옥상에 오르지. 땀인지 눈물인지 모를 불쾌한 습기는 조금 쉬다 보면 증발해 버리고. 마른 이불처럼 보송보송한 마음으로 옥상을 내려오지. 사는 것 따위 그런 거다. 기분 꿉꿉하면 빨래처럼 말리며 사는 거다.

사랑의 이유

그에 못지않게… 내가 사랑하는 이가 이 세상에 존재한다는 것도 나를 살게 하는 큰 힘이 됩니다. 그 사람보다도 나를 위하여 그 사람을 사랑하세요.

김 밥
한줄 1,500원
떡볶이
2,000원
(컵볶이 1,000원)

마음이 고프다

빵이 사람을 살리는 것이 아니라 빵에 담긴 사랑이 사람을 살린다. ─마더 테레사

빵이나 밥의 영양분으로 사람을 살리는 것처럼 보이지만, 거기에 사랑이 들어 있지 않으면 마음이 허기져 살지 못한다. 화가 나 폭식을 하지만 여전히 배고픈 것도, 실은 배가 고픈 게 아니라 마음이 고픈 것이다. 출장길에서 아무리 좋은 음식을 먹어도 허전했던 이유를 깨닫다. 맛의 유무를 떠나, 나를 생각하며 아내가 만들어 준 음식에는 사랑과 정성과 고민이라는 영양소가 들어 있기 때문이다. 출장 마치고 귀가를 서두르는 마음에서 꼬르륵~ 소리나다.

신발

사람 때문에 상처 받아 훌쩍 다녀 온 그곳을 신발은 알고 있었구나. 현관문을 들어서다 이리저리 뒹굴며 깔깔대는 신발들을 보면 웃음이 나오는 것은 '안심' 때문이었구나. 닳아 버린 구두, 형태 잃은 운동화, 비 새는 학생화, 그리고 한 번도 외출하지 않은 하이힐. 섭섭한 생각이 들면 그 사람의 신발을 보자. 다른 말을 하고 있는 신발을 통해 그 사람의 본심을 보자. 그러면 다시 사랑할 수 있다.

움직이지 못하는 생명

인디언들은 자신이 힘들고 피곤해지면 숲으로 들어가 자신의 친구인 나무에 등을 기대선다고 한다. 그리고 그 웅장한 나무로부터 원기를 되돌려 받는다고 한다. 그들은 어리석지 않다. ―구본형, 《낯선 곳에서의 아침》 중

움직이는 생명은 움직이지 못하는 생명을 떠나 살 수 없다. 그렇게 바삐 움직이지 않아도 살아갈 수 있음에도 생명을 털어내며 땅 밑으로 때로는 땅을 밟을 새도 없이 옮겨 다닌다. 이기적이게도 생명의 기운 다 빠진 후에는 어김없이 움직이지 않는 생명 곁을 찾는다. 그리고 가만히 등을 기대고는 이렇게 말한다. '아, 여기 있으니 살 것 같다. 참 좋다. 숲이 참 좋다.' 바보 같은 움직이는 목숨들…. 그들은 다시 힘이 나는 것이 움직이지 않고 가만히 있었기 때문인 줄 모른다. 움직임을 멈추고서야 비로소 자기 자신을 발견했기 때문인 줄을 모른다. 멈춤의 아름다운 배열을 음악이라 부르듯이 우리의 삶도 쉼이 있어야 아름답다. 끊김 없는 출장… 잠이 들 힘조차 잃은 새벽. 나무의 변함없는 강건함을 부러워하다.

99번의 망치질

일이 잘 풀리지 않으면 석공을 찾아간다. 그는 바위를 내리칠 때, 특별히 강한 힘을 주어 내리치지 않고 백 번에 걸쳐 망치질을 한다. 마침내 백 한 번째 일격에 바위가 갈라진다. 그러나 바위를 가른 것은 마지막 일격이 아니라 백 번의 망치질이다. —J. 리스

마침내 100℃가 되어 물을 끓이는 마지막 1℃만 우대하지 말자. 제 힘껏 몸을 태워 끓기 직전까지 온도를 올려놓은 99℃가 홀대 받지 않는 사회, 아흔 아홉 번의 외로운 망치질이 대접받는 사회를 소망한다.

함께 합시다

모든 것이 가능할 수 있었던 것은 사람들에게 "하시오."라고 말하지 않고, "합시다.", "함께 합시다."라고 말했기 때문입니다. ─아베 피에르 신부

아이들이 말을 듣지 않는다면 아마도 부모의 말을 '지시'나 '잔소리'로 받아들였기 때문일 것이다. 사람은 주체적으로 살려는 본능을 갖고 태어난다. 상대가 어떤 행동을 해주기를 바란다면 "해라.", "해 줄래."라고 말하기보다 "하자.", "우리 같이 해보자."라고 말해야 한다. 말하는 사람이 말 속에 들어 있어야, 함께 한다는 느낌이 있어야 거부감 없이 움직이는 법이다. 뒤에서 돌격하라 고함치는 리더보다 먼저 강물에 뛰어드는 리더를, 최소한 옆에서 함께 달리는 리더를 더 따르는 것처럼.

불평 농도

희뿌옇고 거무튀튀한 하늘. 중국발 황사나 미세먼지보다 사람들이 내뿜는 불평들이 더 많다니. 가끔 하늘에서 얼어 버린 불평들이 우박처럼 내릴 때도 있다. 여기에 나의 불평마저 보태지 말자. 그럴 땐 잠시 들판을 달리거나 숲으로 들어가자. 세상을 향해 불평하지 않는 나무들에게 안겨 불평 없이 숨 쉬는 법을 배우자. 불평 농도 허용치 0.001% 이하인 세상을 만들어 보자.

축의금은 정중히
사양합니다
와주셔서 감사합니다
축의금은 정중히
사양합니다
와주셔서 감사합니다
신부댁

어떤 결혼식

"모십니다." 또는 "우리 결혼해요."라는 진부한 대신에, 단 한 마디. "이 사람이라고 생각했습니다." 그리고 열어본 안에는 또 한 마디. "그래서 결혼합니다." - twitter에서

원래 축하는 형체가 없는 것. 형체 없는 것을 굳이 봉투에 담을 필요는 없다. 어느 가을날 야외 결혼식, "와 주셔서 감사합니다."라는 글귀에 감동하다. 축하의 마음을 들고 여기까지 오는 데 들인 시간과 행보의 수고만으로도 감사할 따름이라는 혼주의 마음. 봉투에 마음 대신 지폐만 넣어 대신 전달케 했던 일이 부끄러워지다. 마음이 화폐 대신 유통되는 세상이 되었으면 좋겠다.

기분 좋은 욕심

욕심의 방향을 나만을 위한 쪽에서 우리 모두를 위한 쪽으로 틀면, 신나는 욕심이 된다. 마음껏 욕심 부려도 되는 기분 좋은 욕심이다.

음펨바 효과

뜨거운 물과 차가운 물을 동시에 냉동실에 넣으면 뜨거운 물이 먼저 언다. 그것이 인간심리를 그대로 보여주고 있다. 다혈질인 사람은 상황이 바뀌면 누구보다 쉽게 변해 버린다. ─사유리

1969년 아프리카 탄자니아의 고등학생 음펨바(Erasto Mpemba)가 발견한 현상. 대부분의 사람들은 당연히 차가운 물이 빨리 얼 것이라고 생각한다. 그러나 뜨거운 물이 차가운 물보다 먼저 언다. 납득이 되지 않지만 아직 음펨바 효과의 원인을 알려주는 이론은 없다. 뜨거운 물도 멸치나 고등어처럼 제 급한 성질을 못 이겨 그런 게 아닐런지. 때로는 상황에 휘둘리지 않고 냉정하게 살 줄도 알아야 할 것 같다.

함께 타고 가는 버스

옛날 옛적에 한국이란 나라에 실제로 있었던 일이야. 버스를 타면 사람들은 모르는 사람들에게 관심을 가졌어. 앉아 있는 사람들은 서 있는 사람들의 짐을 들어 주었어. 가방, 핸드백, 장바구니 가리지 않고 서 있는 사람의 짐을 받아 주었지. 옛날 옛적엔 그랬어. — twitter에서

그리 먼 옛날도 아니다. 그동안 한국이란 나라에 무슨 일이 있었던 것일까? 버스에 앉아 있는 사람들은 짐을 받아 주기는커녕 서 있는 사람들을 보려고도 하지 않는다. 모두 손에 든 네모 속으로 피신하려고만 한다. 앉아 있는 사람들 자신의 짐만으로도 힘에 부치기 때문일까? 서 있는 사람들의 짐이 예전 같지 않게 더 무거워졌기 때문일까? 함께 타고 가는 버스는 누구도 항상 앉아서 갈 수는 없다.

고개를 숙이다

반에서 읽기를 잘해 상을 받은 꼬마가 집에 돌아와 하녀에게 으스대며 말했다.
"아줌마는 나만큼 책을 잘 읽을 수 있어? 이 책 읽어 봐."
마음씨 고운 그녀는 책을 받아들고 찬찬히 들여다보더니 더듬거리며 말했다.
"빌리야, 나는 책을 읽을 줄 모른단다."
그러자 공작새만큼이나 교만해진 어린 친구는 거실로 달려가 큰소리로 외쳤다.
"아빠, 난 여덟 살밖에 안 되는데도 상까지 받았는데 아줌마는 책도 읽을 줄 몰라요. 어떤 기분인지 궁금해요."
아버지는 말없이 책장에서 두툼한 책을 꺼내 아이에게 주면서 말했다.
"아마 이런 기분일 게다."
스페인어로 된 그 책을 빌리는 한 줄도 읽을 수가 없었다. 그 후 아이는 그 교훈을 잊지 않았다. 그는 우쭐한 기분이 들 때면 언제나 조용히 자신을 되돌아보곤 한다. '넌 스페인어를 읽지 못한 것을 잊지 말아라.' -프랭크 미할릭, 《느낌이 있는 이야기》 중

음, 나도 스페인어로 된 책을 읽을 줄 모른다. 나 없으면 사무실이 마비되는 일… 결코 일어나지 않는다. 나 아니면 아무도 해내지 못하는 일… 그런 일은 세상에 없다. 혼자만의 착각 속에 떠난 출장길. 가을 들녘에서 배운다. 고개를 숙이지 않은 것은 벼쭉정이 뿐이라는 것을.

부딪혀야 산다

움직이는 두 물체가 서로 부딪히면 마찰이 생기는 것은 자연법칙이다. 따라서 두 사람이 만나면 늘 "갈등"이 일어나게 마련이다. ─ 이재규, 《청소년들을 위한 피터 드러커》 중

비행기는 공기와의 마찰 없이 하늘을 날 수 없다. 그 갈등의 힘으로 하늘을 난다. 우리가 사는 것도 마찬가지. 사람들과 충돌하고, 발목을 잡히고, 등 떠밀리고. 이러한 갈등들을 밀어내는 힘으로 하루를 살아 내는 것이다. 그게 삶의 추진력이다.

자연을 담은 음식

사람 몸도 마찬가지. 한 끼 한 끼 작은 음식들을 연료삼아 몸체를 구동한다. 그 작은 일들을 소홀히 한 잘못으로 극심한 고통을 당한다. 바람만 불어도 아프다는 통풍, 단백질대사 이상. 기름진 음식이 나쁜 이유는 원한이 스며 있기 때문. 그 죽음의 공포가 맛이 있을지는 모르나 사람 몸에 축적되면 병이 난다. 앓고 난 후 깨달은 한 가지. 한이 서린 음식보다 맑은 바람과 깨끗한 물, 그리고 따스한 햇살로 무친 음식들로 내 몸을 구축하는 일. 사람의 몸은 3일이면 화학적으로 재구성된다는 사실에 마음을 놓다.

오늘만 저.
Sale 해요

가진 것에 대하여

우리의 선조들은 13세기까지 설탕 없이 생활했다. 14세기까지는 석탄이 없었고, 우유, 달걀, 밀가루 따위로 반죽해서 만든 빵은 15세기에도 없었다. 감자는 16세기까지도 없었으며, 커피, 차, 스프는 17세기, 푸딩은 18세기, 성냥, 전기는 19세기까지 볼 수 없던 것들이었다. 그리고 통조림은 20세기가 되어서야 나온 상품이었다. 더구나 기차, 자동차, 비행기는 언제부터 등장했는가. 자! 그런데 우리는 지금 무슨 불평을 하고 있는 것인가? ─ 이외수, 《흐린 세상 건너기》 중

사람은 욕심이 많을수록 무거워지고 둔해진다. 적게 가진 사람보다 많이 가진 사람이 집착이 강하다. 가지려는 욕심에 가진 것을 놓지 않으려는 욕심이 더해지기 때문이다. 그러나 명심하자. 지금 우리가 가지고 싶어 하는 대부분의 것들은 얼마 전까지 없던 것들이란 것을. 가지지 못한 것에 대하여 마음쓰기보다는 가진 것에 대하여 고마워하자.

기쁨을 주는 일

아침에 눈을 뜨면 무엇보다도 먼저 '오늘은 한 사람만이라도 기쁨을 주어야겠다'
는 생각으로 하루를 시작하라. – 니체

충분히 실천할 수 있을 것 같은 다짐. 열 사람도 아니고 단 한
사람을 기쁘게 해 주면 된다는 그 소소해 보이는 다짐이 쉽지
않은 것은 나 자신이 기쁜 상태가 아닌 경우가 많기 때문이다.
화가 나거나 우울한 기분으로 남에게 기쁨을 줄 수는 없는 일.
결국 하루에 한 사람을 기쁘게 해 주라는 말은 하루하루를 기
쁘게 살라는 말. 사람은 나를 알아줄 때 제일 기쁘다. 하루에 한
번씩 나를 인정해 주자. 그리고 하루에 한 사람을 진심으로 인
정해 주자.

낙엽에게 배우다

내가 생각하는 것이 반드시 옳은 것이 아니라는 겸손, 내가 가진 기준이 모든 이에게 적용되는 것이 아니라는 겸손, 내가 알고 있는 지식은 모든 지식의 극히 일부분이라는 겸손, 내가 상처 입은 상황이 모두 상대방의 잘못은 아닐 수도 있다는 겸손. ─딕 티비츠, 《용서의 기술》 중

요즘 들어 '겸손하기'를 소홀하지 않았는지. 나의 판단이 옳은 것이고 정의로운 것이라 고집 부리지 않았는지. 산 높은 곳에 있다고 기슭을 오르는 이에게 시야가 좁다 하지 않았는지. 더 많은 삶의 양을 내세우며 번득이는 젊은 지혜를 덮으려 하지 않았는지. 아름다움을 가졌음에도 자세를 낮추는 낙엽에게 겸손을 배운다.

열한 살의 한결라
BEM0114815

사교육

사교육이란 일어서서 영화를 보는 것이다. 극장에서 영화를 더 잘 보기 위해 한 사람이 일어나면 그 뒷사람도 일어서게 된다. 결국 모든 사람들이 일어선 채로 영화를 보게 되지만 영화를 잘 보았다는 느낌은 들지 않는다. ─보건사회연구원 김미곤

모두가 일어선 극장에서 혼자 앉아 있으면 영화를 볼 수 없다. 그래서 울며 겨자 먹기로 일어설 수밖에 없는 것이 우리의 현실. '극장에서 일어서기 방지법' 같은 모두를 자리에 앉힐 수 있는 강력한 조치가 필요하지 않을까? 선행학습으로 먼저 가는 것은 먼저 가는 게 아니고, 모두가 먼저 가는 것도 먼저 가는 것이 아니다.

여명

왜 어르신들이 아침잠이 없었는지 알 것 같다. 아무리 늦게 잠
들어도 새벽 다섯 시면 눈이 뜨여지는 것도 인생을 낭비하는
큰 죄를 짓지 않기 위해서가 아닐까. 다시는 오지 않을 오늘, 알
뜰하게 살자.

나는 게으름을 꿈꾼다

맑은 포도알을 빨아 먹고, 웃으며 빈 포도 껍질을 여름 하늘에 비쳐 들고, 투명한 살 껍질에 숨을 불어 넣으며, 취기에 잠겨 저녁토록 비춰 보노라. —스테판 말라르메, 《목신의 오후》 중

들마루에 누워 늘어지게 한잠 자고 난 뒤. 보랏빛 포도 껍질 들어 눈 가리다가. 스르륵 또 잠이 들고. 문득 개 짖는 소리 들려 눈 뜬 해거름. 눈 비비며 차려진 밥상 곁으로 슬금슬금 기어들던 때. 주말만이라도 그런 게으른 평화가 있기를.

쉬라는 경고

일만 알고 휴식을 모르는 사람은 브레이크가 없는 자동차와 같이 위험하기 짝이 없다. 그러나 쉴 줄만 알고 일할 줄 모르는 사람은 모터가 없는 자동차와 마찬가지로 아무 쓸모가 없다. ─헨리 포드

산을 오르는 길목에는 주막이 있었고, 고속도로에는 어김없이 휴게소가 있다. 쉬지 않고 길을 가거나, 쉬기만 하면 어느 경우에도 목적지에 이를 수 없다. 세월의 길도 마찬가지다. 달력에 표기된 파란색은 쉼표를, 빨간색은 빨리 쉬라는 경고를 의미한다. 가끔 공휴일이란 이름으로 추가되는 가운데 빨간색은… 경고를 무시하고 쉬지 않는 당신 같은 일 중독자에 대한 배려다. 내일은 가운데 빨간 날. 배려에 따르자.

5

마음에도 식스팩이
필요하다

술 한 잔만도 못한

그래, 술 한 잔보다 못한 일 때문에 소중한 것을 잃지는 말자. 갑작스런 춘천행. 과거 사실의 확인을 끝내고 오래된 친구와 술 한 잔을 나누다. 사람보다 귀한 것은 없다.

마지막 전화

음… 너를 위해 살아주지 못해서 정말 미안해. 이제야 알았어. 혼자 있으면 외로운 이유를. 늘 너와 같이 있으면서도 온전히 너를 위해 해 준 게 아무것도 없었던 거야. 내 손을 꼭 잡으며 나는 나에게 전화를 한다.

가벼워야 산다

왜 물에 가라앉지 않으려고 발버둥 칠수록 바닥은 가까워 오는지. (중략) 이게 다 마음의 문제는 아닐까. 잘하려고 두 손 꼭 쥐는 대신 툭 하고 내려놓으면 '될 대로 되라지.' 하면 정말로 되는 게 인생 아닐까. ─정민선, 《어떻게 숨길까, 지금 내 마음을》 중)

물에 빠져 본 사람은 안다. 힘을 빼고 나를 내려놓으면 몸이 뜬다는 것을. 그러나 우리는 무엇이라도 붙잡으려는 욕심의 무게 때문에 가라앉고 만다. 여기 물 밖 세상도 물속과 다름없다. 살기 위해선 움켜 쥘 것이 아니라 내려놓아야 한다. 필요 이상으로 붙어 있는 내 몸의 살들과 필요 이상으로 마음에 담고 있는 고민들. 다이어트가 필요한 시점이다.

네모에서 빼기

누군가를 사랑한다는 것이, 그의 미운 점을 마음에서 빼낸다는 의미임을 깨닫게 되었다. 따라서 누군가를 깊이 사랑하게 되었다면, 그것은 그의 모든 것을 관용하게 되었다는 의미이기도 하다. ─무무, 《오늘 뺄셈》 중

사진도 뺄셈이라고 알고 있다. 네모난 뷰파인더 속에서 무언가를 제외시켜 나가는 거라고. 많은 것을 담으려는 욕심을 빼내고, 더 이상 빼낼 수 없을 때까지 지나침을 덜어내는 것. 그럼으로써 마음을 표현하는 것. 사진을 찍다 보니 내 마음도 네모로 보인다. 뷰파인더 같은 마음속에서 누군가에 대한 미움, 서운함, 아쉬움… 이런 불필요한 감정들을 빼내려 하고 있다. 먼 훗날 내가 초보사진가의 딱지를 떼는 날, 내 마음 속엔 사랑만 담겨져 있을 것임을 믿는다. 막 찍어도 아름다운 사진이 되겠지.

눈물 바라보기

정말이지 나는 바다에 가서 울고 싶었다. 푸른 바다를 보며 실컷 울어야 눈물의 원이 없어질 것 같았다. 그러나 막상 바다에 갔을 때는 눈물이 나오지 않았다. 할머니의 치맛자락을 붙든 것처럼 마음이 편해서 그냥 하염없이 바다를 바라보고만 있었다. '너 이번엔 초췌해져서 왔구나. 세상살이가 고단하지? 그래, 그래, 너 말 안 해도 내가 다 안다. 인생은 그런 거야. 이 세상을 다녀가는 사람치고 슬픔이 없었던 사람은 없어. 우리 바다는 원래 세상 사람들의 눈물로 이루어진 거야.'—정채봉. 《눈을 감고 보는 길》 중

바다는 아니지만 바다처럼 불어난 계곡물을 열흘 동안 바라보다 왔다. 일명 눈물의 휴가. 창문을 닫아도 소용없을 정도로 우렁차게 흐르는 첩첩 산들의 눈물. 사람은 허기질 때까지 울고 나야 마음이 편안해진다. 하지만 계곡들의 눈물을 바라보는 것만으로도 마음 속 응어리 다 사라져 홀가분해졌다. 세상살이 고단하면 바다이건 산이건 물이 있는 곳으로 여행할 것을 권한다. 그냥 바라보고만 오기를 강추한다. 아, 바닷물은 육지 모든 계곡들의 눈물을 다 받아놓은 물이다.

서운할 때에는

에스키모는 슬픔이 가라앉고 걱정과 분노가 풀릴 때까지 하염없이 걷다가 마음의 평안이 찾아오면 그때 돌아선다고 한다. 돌아선 지점에 막대기를 꽂아두고. 만약 서운한 감정 복받친다면 당장 자리를 떠나 휘이~ 한 바퀴 걸어보자. 무작정 걷다 보면 알게 된다. 서운함이란 내 뜻과 다른 상대방 때문이 아니라, 상대방에게 너무 많은 내 뜻을 기대한 나 때문에 생긴 감정이란 것을. 휘이~ 돌면서 넘쳐흐른 욕심들 거리에 뿌리고 오면 서운함은 이내 미안함이 된다.

이제야 보이는 사람

당신이 보이는 사람들도 사랑하지 못한다면, 보이지 않는 주님을 어떻게 사랑하겠습니까? -마더 테레사

그동안 보이지 않았다가 이제야 눈에 보이는 사람들… 한파로 얼어붙은 마음 때문이라고 변명하지 말자. 보이지 않은 게 아니라 보지 않은 거다. 세상에서 가장 나쁜 죄는 고통을 외면한 죄. 날이 추울수록 나보다 더 추운 사람이 있다는 것을 잊지 말자. 마음의 눈을 크게 뜨자.

은둔의 시간

한 친구에 대해 난 생각한다. 어느 날 나는 그와 함께 식당으로 갔다. 식당은 손님으로 만원이었다. 주문한 음식이 늦어지자 친구는 여종업원을 불러 호통을 쳤다. 무시를 당한 여종업원은 눈물을 글썽이며 서 있었다. 그리고 잠시 후 우리가 주문한 음식이 나왔다.
난 지금 그 친구의 무덤 앞에 서 있다. 식당에서 함께 식사를 한 것이 불과 한 달 전이었는데 그는 이제 땅 속에 누워 있다. 그런데 그 10분 때문에 그토록 화를 내다니. ─막스 에르만, 〈한 친구에 대해 난 생각한다〉 중

남에게 화를 내는 것은 나를 알아 달라는 호소이다. 나의 존재를 잊지 말고 기억해 달라는 애절한 요구, 인정받고 싶은 욕구의 표현이다. 사람들은 고작 10분이 아니라 1분이라도 나의 존재가 잊히는 것을 견디지 못한다. 그런데 말이야, 존재감은 잊힌 시간이 길수록 더 크고 절실해지는 것 아닌가? 그럴 때 화를 낼 게 아니라 은둔의 시간을 즐겨 보는 것도 괜찮을 것 같아.

이 계단은 조상의 혼령들이
다니시는 계단입니다.
보행을 자제하여 주세요.

정신 있는 일주일

혹시 나의 '뤼'를 너무 '임시거처' 취급을 하고 있지 않습니까? 아무리 임시거처라 해도 머무는 동안 청소도 자주하고 때로는 꾸미기도 하면서 소중하게 사용했으면 합니다. 불필요한 물건들이 널브러져 있으면 내다 버리고 맙니다. 정신없는 일주일이 갔습니다. 나의 '뤼' 속에는 언제나 정신이 있기를 소망합니다.

침묵으로 분노하다

침묵해야 할 때 분노하는 것은 화를 다스리지 못하는 것이고, 분노해야 할 때 침묵하는 것은 용기를 다스리지 못하는 것이다. 저항을 해야 할 때 침묵을 하면 굴종은 습관이 된다. ─법정스님, 《오두막 편지》 중

침묵해야 할 때인가, 분노해야 할 때인가. 사람들은 잘 모른다. 분노하는 사람보다 침묵하는 사람이 더 화가 나 있다는 것을. 분노의 끝은 침묵이지만, 침묵의 끝은 분노라는 것을. 분노하지 못한 침묵은 우울이 된다.

잠시 내려놓기

컵을 오래 들고 있을수록 무겁게 느껴질 수밖에 없죠. 팔이 아파 컵을 편안하게 들지 못하게 되면 어떻게 해야 하죠? 내려놔야 합니다. 30초만 쉬었다가 다시 물컵을 들면 훨씬 가볍고 쉽죠. 이렇게 내려놓는 게 바로 명상입니다. ─아잔 브람

지금 들고 있는 삶이 짐으로 느껴진다면 잠시 내려놓자. 아주 내려놓는 것도 아니고 30초만 내려놓자. 힘들게 '힘'을 들고 있지 말고 그냥 내려놓아 보자. 그리 어려운 일도 아니다.

노래
뱅크
신장1로29번길
Sinjang 1-ro 29beon-gil
송탄중앙교회

수레를 미는 이유

좁고 험한 길에서 앞에 가던 수레가 뒤집어지면, 뒤에 가던 수레가 도와 줄 수밖에 없다. 특별히 친절한 마음을 가졌기 때문이 아니라, 앞의 수레가 길을 막아 자신의 수레가 지나갈 수 없기 때문이다. 우리는 종종 공동의 위험에 처해 있을 때뿐만 아니라 공동의 이해관계에 놓일 때가 많다. 함께 세상을 살면서 남의 어려움을 모르는 체하면 결국에는 자신이 고립되고 만다. ─뤼신우, 《세상을 보는 지혜》 중

함께 수레를 미는 일. 그 수레가 누구의 것인가는 중요하지 않다. 그냥 우리가 같은 골목길, 좁고 험한 골목의 세월을 지나고 있다는 것, 그리고 저마다 크고 작은 수레 하나를 끌고 있다는 것만 인식하고 있으면 된다. 달려가서 손수레를 밀었던 아이적 마음만 있으면 되는 것이다.

젊은 독거노인

독거노인에게 젤 필요한 건 밥이 아니라 밥 먹을 때 식탁 맞은편에 앉아 있어 줄 사람이다. 친구다. 떼지어 있다거나 젊다고 다 '독거노인'이 아닌 건 아니다. 나는 '젊은 독거노인'도 많이 알고 있다. — 박범신

결핍된 욕구, 즉 기대 욕구의 총량에서 이미 충족된 욕구를 뺀 나머지를 채워주는 것이 복지(welfare)라고 한다면, 욕구의 총량을 줄이는 것도 복지가 아닐까. 사람들이 더 욕심 내지 않고 지금에 만족하며 살도록 돕는 일. 이것도 복지의 한 방법일 수 있다. 욕구가 변하듯 복지도 변한다. 쌀에서 돈으로, 생존에서 생활로. 이제는 밥이 아니라 식탁에 함께 앉아 있어 줄 사람으로. 혼자 있어도 우울하거나 외롭지 않은 건강한 마음이 결핍되어 있는 것이다. 그렇다면 비록 혼자 있지만 같이 있다는 느낌, 함께 있다는 마음을 갖도록 돕는다면 해결되지 않을까? 새벽에 눈을 뜬 젊은 독거노인 한 사람.

이해한다는 건

'이해하다'는 뜻의 영어 단어에 바로 그런 뜻이 내포되어 있습니다. 즉 타인의 밑(Under)에 서야(Stand) 진정으로 그 사람을 이해(Understand)할 수 있다는 것입니다. —twitter에서

상대방을 이해하기 위해서는 역지사지만으로 부족하다. 단순히 입장을 바꾸는 것뿐만 아니라 상대보다 낮은 자세로 생각해볼 필요가 있겠다. 우월적 입장을 유지한 채 이해한다고 말하는 것이 정말로 이해한 것일까. 대부분의 경우 이해를 바라는 쪽은 아래에 서 있는(Understand) 사람이기 때문이다. 이해는 판단하는 것이 아니라 느끼는 것이다.

‘남’ 속에 들어 있는 ‘나’

내가 상대방의 눈에서 나를 찾으려고 하듯, 상대방도 나의 눈에서 자신의 모습을 찾으려 한다는 것에 대한 이해. 사랑의 본질에 대한 깊은 끄덕임이 바로 진정한 사랑의 시작일 것이다. ─이주은, 《그림에, 마음을 놓다》 중

‘남’ 속에는 ‘나’가 들어 있다. ‘나’를 네모난 그릇에 담은 것이 ‘남’이다. 그래서 우리는 처음 사람을 만나면 반드시 공통분모부터 찾는다. 마음을 열어 내 안의 상대방 모습을 내어주고, 상대방 마음속에서 내 모습을 발견했을 때, 비로소 친구가 되는 것이다. 오늘은 금요일. 요즘 금값이 얼마나 비싼가. 귀하게 사용하기를.

大成殿

등
짝
네
비

어쩌면 우리 인생의 네비게이션은 한 사람의 등짝인지도 모릅니다. 좋은 친구, 아름다운 사람, 닮고 싶은 어떤 사람… 그리고 사랑하는 누군가의 등… 그걸 바라보고 사는 것만으로도 충분히 방향입니다. −이병률, 《끌림 2》 중

지금. 생각나는 등짝 하나 있다. 그 사람처럼 나도 누군가의 등짝이 되고 싶다.

백설공주를 사랑한 남자

"백설공주 이야기 읽어 본 적 있어?"
"응"
"그중에서 누가 백설공주를 제일 많이 사랑한 것 같아?"
"왕자일까? 나는 일곱 난장이 중에 막내가 공주를 더 사랑한 것 같은데… 너는 누구라고 생각해?"
"사냥꾼"
"응? 무슨 사냥꾼?"
"백설공주를 숲에서 도망치게 한 사냥꾼 말야… 백설공주의 심장 대신 돼지 심장을 갖고 여왕에게 갔었던…"
"그 사람이 왜?"
"그 이야기에서 유일하게 백설공주를 위해 목숨을 걸었던 남자거든."–twitter에서

우린 사냥꾼을 잊고 있었다. 아무런 대가 없이 백설공주를 위하여 목숨을 걸었던. 지나가다 발견한 공주에게 키스만 했던 백마 탄 왕자도, 숙식 제공을 빌미로 가출소녀에게 일을 시킨 난장이 일곱 명도 목숨을 걸지 않았다. 지금 나에겐 목숨을 걸 '누군가'가 있을까. 목숨을 걸고서라도 지켜 내고픈 그 '무엇'이 있을까. 좀 더 절실하게 사랑하고 일하며 세상을 살아야겠다.

성장한다는 것

한 가지 사실을 깨달았다. 왼팔로는 절대로 왼팔을 씻을 수 없다는 것이다. ─기시 유스케, 《검은 집》 중

왼팔이나 오른팔이 아무리 성장한들 스스로 자신을 씻을 수 없다는 것을 깨달았으면… "진정한 성장이란 사회의 소외계층과 취약계층을 품고 함께 성장하는 것이다."라는 조셉 스티글리츠의 말처럼, 한 나라가 성장한다는 의미는 산술적인 경제성장만을 뜻하는 것이 아니란 것이다. 물론 한 사람의 성장도 마찬가지다.

어제를 잊는 일

어제 살았던 방식이 오늘의 삶을 결정하는 거야. 하지만 내일의 삶은 바로 오늘 어떻게 살아가느냐에 달렸어. 매일 매일이 새로운 기회가 되는 거야. ―마셔 그래드, 《동화 밖으로 나온 공주》 중

이미 어제 끝났다. 오늘 다시 시작하지 않으면, 내일도 어제의 삶이 지배할지 모른다. 힘들더라도 오늘은 고리를 끊는 일에 집중해야 한다. 오늘 가장 먼저 할 일은 어제를 잊는 일. 어제를 잊고 내일의 삶을 지배하자.

60
속도를
줄이시오

멈추는 요령

빠르다는 게 뭐지? 밥을 10분 안에 다 먹는 것? 제한속도를 10퍼센트쯤 넘기는 것? 문득 사고를 당한 날 엄청나게 엑셀을 밟았던 기억이 떠올랐습니다. 잠도 줄여가며 원고를 쓰고 집으로 돌아가다가 하필 그 순간 깜빡, 정말 아주 깜빡 졸았습니다. 나의 질주를 더 이상 감당할 수 없던 내 삶이 급브레이크를 밟았고, 속도를 줄이지 못한 나는 내동댕이쳤습니다. ─유영만&고두현, 《곡선이 이긴다》 중

갑자기 멈추려하지 말자. 멈추는 것도 요령이 필요하다. 지금껏 바쁘게 살던 삶의 속도를 줄이려면, 브레이크를 나누어 밟는 요령이 필요하다. 멈추어야 할 삶의 끝에 이르러 흔들림 없이 멈추는 요령. 평생을 무겁게 살아온 나의 삶. 그 무게를 감당하는 감속방법은 직선으로 멈추는 것이 아니라, 포물선을 그리며 긴 곡선으로 멈추는 것이다.

빈 솥으로

잡은 물고기들 중에서 큰 물고기만을 도로 강에 풀어주는 어부가 있었다. "큰 고기를 잡으려고 야단인데 당신은 왜 반대인 거죠?" "우리 솥보다 큰 놈은 솥 안에 들어가지 않으니까요." —장쓰안

감당할 수 없는 큰 욕심. 그래서 무거운 새는 높고 멀리 날 수 없다. 필요한 만큼만 가지는 것. 어쩌면 그것이 세상 사람들에 대한 배려다. 이번 주 내 마음의 솥에 넘치는 물고기 담았다면, 주말 강으로 나가 방생하는 게 어떠한지. 그리하여 빈 솥으로 내일을 시작하자.

오늘만 살자

자신의 소중한 인생에서 한순간도 허비하지 않는 일 중독자가 있었다. 그는 시내로 들어가는 동안에도 어느 상점에서 물건을 살지 꼼꼼히 계획을 세웠다. 그리고 상점에서 물건을 살 때도 어디로 가서 산보할지 궁리했다. 또 산보하는 동안에는 어느 식당에서 식사를 하고, 식사하는 동안 후식은 뭘 먹을지 궁리했다. 후식을 먹는 동안에도 집으로 돌아갈 버스 시간표를 점검했다. 그는 지금 하고 있는 일에 신경을 써본 적이 한 번도 없었다. 그는 늘 다음 일을 준비하며 살았다. 그러던 어느 날 그는 미처 준비하지 못한 자신의 죽음을 맞게 되었다. 그는 지금까지 살아온 자신의 삶이 너무나도 텅 비고 무의미했다는 사실을 깨달았다. 그는 현재를 살아 본 적이 한 번도 없었던 것이다. - 윌리 호프수에머

스마트폰 네모 안을 기웃거리며 항상 다음을 준비하며 살고 있지 않은지? 미래를 준비한다는 것은 좋은 습관이지만, 미래를 내세워 오늘을 소홀하지 말자. 사람은 오늘만 사는 것이다. 어제를 매달고 오늘을 살거나, 내일을 끌어안고 오늘을 사는 사람이 될 것인가. 오직 오늘만 사는 사람이 될 것인가. 누가 더 소중한 오늘을 살까?

천천히 가면 멈출 곳이 보인다

한밤중에 다리에 쥐가 나 벌떡 일어나야 했던 이유를 이제 알겠다. 파이팅은 어쩌다 한번 가속력이 필요할 때 하는 거지. 일 년 365일 내내 가속하며 살지 말자. 뉴턴의 운동법칙 중 제1법칙, 관성의 법칙을 명심하자. 이러다 갑자기 정지하게 되면 가득 실은 짐들 다 쏟고 만다. 멈추어야 할 때 멈출 수 있게 경제 속도로 살자. 천천히 가야 멈출 곳이 보인다.

24시간
제주도 전역에서
과속단속중
제주지방경찰청

과
속
단
속

유럽의 한 외교관이 외국 손님에게 자동차를 자랑하고 싶어했다. 그래서 그는 메르세데스를 무시무시한 속도로 몰았다. 마침내 집에 도착하자 의기양양하게 말했다. "내가 얼마나 차를 빨리 몰았으면 보통 때보다 반 시간이나 빨리 도착했소이다." 그러자 함께 타고 온 손님은 남은 반 시간으로 무엇을 할 생각이냐고 물었다. 하지만 그는 아무 말도 못했다. 그 시간에 무엇을 할지 그 자신도 몰랐던 것이다. 당신이라면 그 시간에 무엇을 하겠는가? ─프랭크 미할릭, 《느낌이 있는 이야기》 중

속도계를 살피듯 시계를 보라. 서둘러 도착할 그곳에서 딱히 할 일이 없다면 차라리 늙어감을 즐기자. 천천히 늙는 비결을 원하면서도 길 위에서 과속하는 이유를 모르겠다. 누가 스피드건으로 과로(過老)를 단속해 주면 좋으련만.

느끼며 살기

감탄하는 것도 능력이다. 반응하고, 표현하는 것도 능력이다. ─함정임, 《나를 미치게 하는 것들》 중

살면서 물음표(?)를 잊지 않고 사는 것도 중요하지만, 느낌표(!)를 잊지 않는 일은 더 중요하다. 일과 사람에 대한 호기심(?)을 그냥 마침표(.)로 끝내지 말고 감탄(!)으로 마무리하자. 많이 느끼고 많이 감탄할수록 세상살이가 재미있어진다. 재미있게 사는 능력을 기르자.

느림 종결자

게으름. 느림이라는 말과 가장 많이 헷갈리는 말. 느림이 천천히 달리는 자동차라면 게으름은 고장나 서 있는 자동차. 즉 게으름은 속도의 문제가 아니라 정신상태의 문제. ─정철, 《내 머리 사용법》 중

서 있으면서 무척 바쁘게 움직이는 것 같은 사람. 이건 뭐지? 게으름 종결자다. 고장나 서 있는 자동차 안에서 부산하게 운전 중인 사람이다. 사무실 일은 혼자 다하는 것 같은데 나중에 보면 한 발짝도 움직이지 않은. 그런 사람보다 움직임을 알아채지 못했는데 나중에 보면 혼자 일을 다 해 놓은 사람. 이런 궁극의 느림 종결자가 더 좋다. 천천히 주변 상황을 다 포용하면서 자기 소명을 다하는 그런 사람이 좋다.

너 어디 가니?

모든 길은 단지 수많은 길 중의 하나에 불과하다. 이 사실을 언제나 기억하고 있어야 한다. 그대가 걷고 있는 길을 자세히 살펴보라. 필요하다면 몇 번이고 살펴봐야 한다. 만일 그 길에 그대의 마음이 담겨 있다면 그 길은 좋은 길이고, 만일 그 길에 그대의 마음이 담겨 있지 않다면 그대는 기꺼이 그 길을 떠나야 하리라. 마음이 담겨 있지 않은 길을 버리는 것은 그대 자신에게나 타인에게나 결코 무례한 일이 아니니까. – 돈 후앙

내가 서 있는 이 길에는 나의 마음이 담겨 있을까? 걷지 않을 수 없고, 뛰어 가고 싶은 뜨거운 마음이 담겨 있을까? 그런 길을 가고 싶다. 아주 천천히 온 몸으로 느끼며.

주소록을 정리하며

눈을 감으면 떠오르는 사람은 그리움을 남긴 사람. 눈을 뜨고도 생각나는 사람은 아픔을 남긴 사람. 얼굴이 먼저 떠오르면 보고 싶은 사람이고, 이름이 먼저 떠오르면 잊을 수 없는 사람이다. ─공병각, 《잘 지내니? 한때 나의 전부였던 사람》 중

연말이 되면 한번쯤 주소록을 정리하게 된다. 주소록에만 존재하는, 일 년 동안 한 번도 연락이 없는 사람들의 거취를 놓고 고민에 빠진다. 그러다 주소록에도 없고 연락도 없지만 분명히 존재했던 사람들에 대하여 생각한다. 이름만 남은 이, 얼굴만 남은 이, 상처만 남은 이. 그리움만 남은 이… 나도 누군가의 주소록에 그렇게 남아 있을까.

인생의 정오에서 세상을 바라보다

초판 1쇄 인쇄 2014년 4월 5일
초판 2쇄 발행 2014년 4월 25일

지은이 서태옥
펴낸이 윤주용

펴낸곳 초록비책공방
출판등록 2013년 4월 25일 제2013-000130
주소 서울시 마포구 월드컵로 150, 지층
전화 0505-566-5522 팩스 02-6008-1777
전자우편 jooyongy@daum.net

ISBN 979-11-951742-1-8 13190

국립중앙도서관 출판시도서목록(CIP)

인생의 정오에서 세상을 바라보다 / 지은이: 서태옥. -- 서울
: 초록비책공방, 2014
p. ; cm

ISBN 979-11-951742-1-8 13190 : ₩14000

산문집[散文集]

818-KDC5
895.785-DDC21   CIP2014009154